Best of Weinland Baden

GENUSS • KULTUR • LEBENSART

Best of Weinland Baden

FIONN GROSSE · SIGRID HOFMAIER · DOROTHEE PHILIPP

AVANTGARDE EDITION

Weinland Baden

Deutschlands Wein- und Genießerparadies

Das Weinland Baden ist keine Lage, sondern eine große und vielfältige Region, die sich über fast 400 Kilometer in Süd-Nord-Richtung erstreckt: Bodensee, Markgräflerland, Tuniberg, Kaiserstuhl, Breisgau, Ortenau, Kraichgau, Badische Bergstraße, Tauberfranken. Die weit auseinandergezogenen neun Anbaugebiete sind klimatisch und geologisch sehr unterschiedlich und prägen damit die reichhaltige Vielseitigkeit der badischen Rebsorten-Palette. Sie formen ebenso die Typologie der Menschen, die sich regional sehr unterscheidet.

Diese Erfahrungen durfte ich während meiner beeindruckenden Weinreise durch das Weinland Baden erleben. Dabei lernte ich die Weinmacher, Winzer, Weinfreunde, Köche, Gastgeber, Persönlichkeiten und ihre tägliche Arbeit kennen, sprach mit ihnen über ihre Ideen und ihre Visionen zum badischen Wein. Die jungen Winzer der Generation Pinot haben mich besonders fasziniert, da sie Garanten für die nächste Generation und damit für das Fortbestehen des badischen Weinparadieses sind. Dabei profitieren sie von den modernen Erkenntnissen der Önologie ebenso wie von der Tradition und den Erfahrungen ihrer Väter. Vor diesem Hintergrund bin ich mir sicher, dass Fortbestehen und Entwicklung des badischen Weinparadieses auf gutem Fundament stehen!

Auch die ausgezeichnete Gastronomie Badens basiert zum großen Teil auf der Erfolgsgeschichte der lokalen Weine. Die Köche in den noblen Feinschmeckerrestaurants, in gemütlichen Gasthäusern, in Straußen und Weinstuben kochen nicht nur zum Wein, sondern gerne auch mit Wein. Sie verwöhnen die Gäste mit frischen regionalen Produkten der Genießerregion Baden und bilden damit eine perfekte kulinarische Vermählung mit dem badischen Wein.

Dieser Bildband ist ein Spiegel des Weinlandes Baden und seiner Menschen und Charaktere, die diese kulinarische Genießerregion und damit den einzigartigen Ruf Badens täglich neu prägen.

Unternehmen auch Sie mit diesem Buch eine kulinarische Weinreise – lassen auch Sie sich begeistern!

Dieser opulente Bildband wird Ihnen ein hervorragender Begleiter sein!

Ihre

Katharina Többen

Katharina Többen
– Verlegerin –

Die Ziffern in der Karte sind identisch mit den Seitenzahlen im Buch und kennzeichnen somit die Platzierung der vom Verlag ausgewählten und vorgestellten Persönlichkeiten, Winzer, Köche, Hoteliers und Profis des badischen Weines in diesem Buch.

Das Weinland Baden

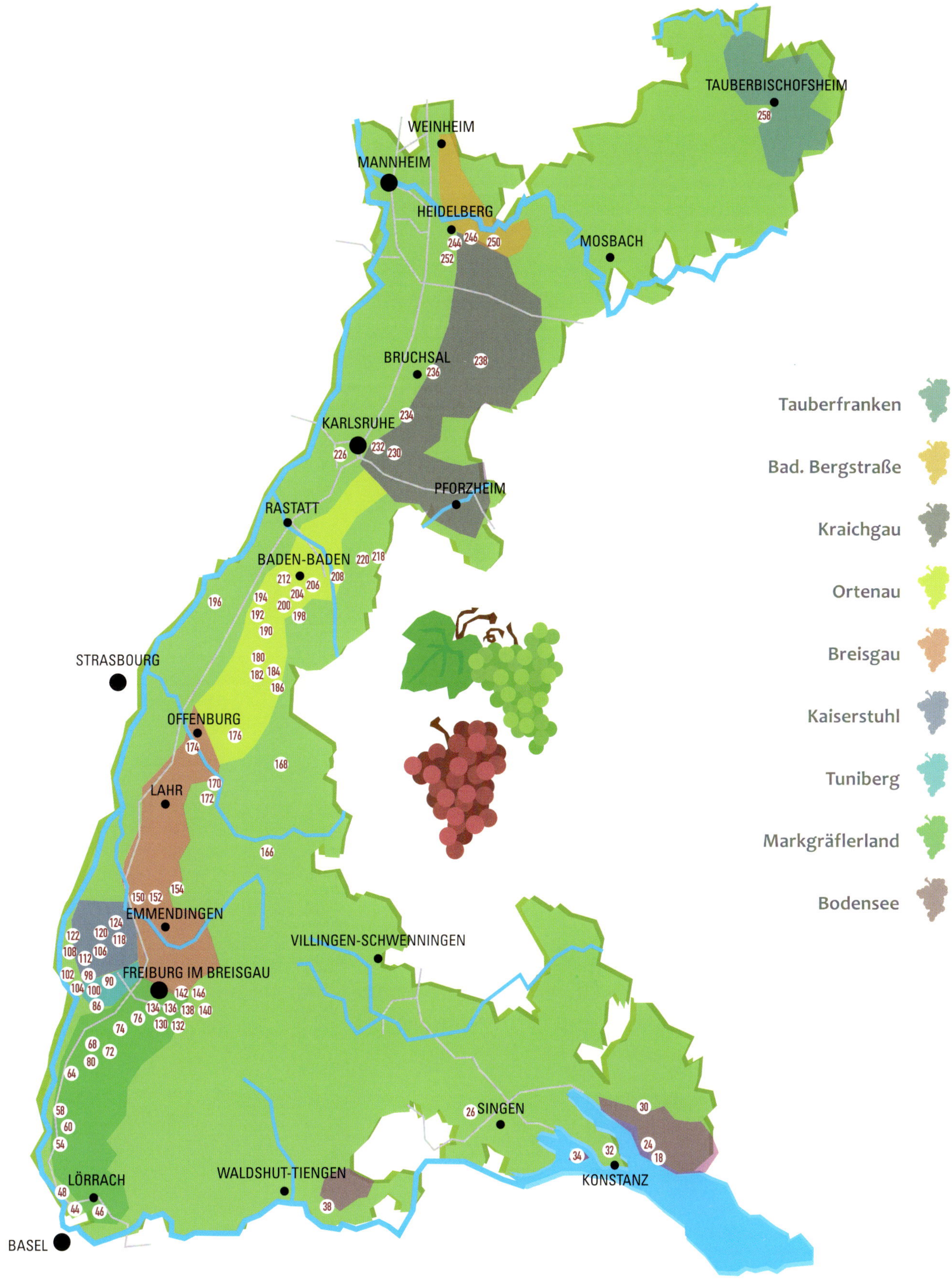

Menschen im

Weinland Baden

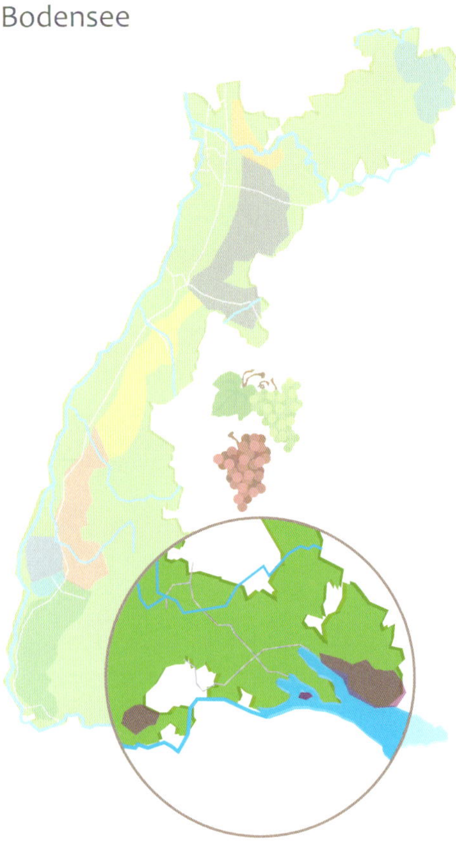

Der Bodensee
Wiege des Spätburgunders in Deutschland

Der badische Bereich des Weinbaugebietes Bodensee ist mit 572 Hektar die größte Weinanbaufläche am See. Sie erstreckt sich am nördlichen Seeufer vom Hochrhein über den Hegau bis nach Meersburg.

Der Weinbau am Bodensee nahm seinen Ursprung auf der auch für ihr herrliches Obst und Gemüse bekannten Insel Reichenau. Bereits 818 wurde unter Abt Hatto I. der Weinbau begonnen und der erste Rebstock gepflanzt. Die Klöster produzierten damals nicht nur ihren eigenen Messwein, sie funktionierten auch als eigenständige landwirtschaftliche Betriebe, die den Wein schon früh vermarkteten. Später um das Jahr 884 ließ Karl der Dicke, ein Urenkel von Karl dem Großen, in Bodman den Bodmaner

Das gotische Städtchen Überlingen

Traumhafter Sommerabend am Bodensee

Königsweingarten anlegen. Dafür importierte er Spätburgunderreben aus dem Burgund. Heute ist etwa die Hälfte der gesamten Rebfläche am badischen Bodensee mit dieser edlen Rotweinsorte bestockt.

Am Bodensee kann man ein besonderes Klima beobachten. Hier herrscht von allen deutschen Weinanbaugebieten die höchste Sonneneinstrahlung. Während der langen Vegetationsperiode von April bis Oktober beträgt die Sonnenscheindauer durchschnittlich 1.400 Stunden. Begünstigt wird das Klima auch durch lange milde Herbstperioden und reichlich Niederschlägen. Die Sonnenstrahlen reflektieren auf der Wasseroberfläche des Bodensees, wovon insbesondere die seenahen Weinlagen profitieren. Diese Reflektionswirkung ist auch noch weit bis ins Hinterland zu spüren. Die ca. 540 Quadratkilometer große Wasserfläche des Sees wirkt außerdem als Wärmespeicher. Dadurch werden die Temperaturen im Sommer gedämpft, während weit in den Herbst hinein die aufgenommenen Temperaturen wieder abgegeben werden. Dies verleiht den Trauben eine lange Reifezeit.

Die Terroir des Weinanbaugebietes Bodensee sind unterschiedlich geprägt: unmittelbar am See sind eiszeitliche Verwitterungsböden. Eine Schicht Moränenschotter von den eiszeitlichen Gletschern liegt hier auf weichem Sandsteinfels. Dadurch bekommen die Weine ihre bekannte filigrane und feine Fruchtigkeit. Im Tal des Hochrheins sind Schwemmsandböden, auf denen vor allem die Burgundersorten ideale Wachstumsbedingungen haben. Die Reben am Hohentwiel stehen auf vulkanischem Gestein. Die höchst gelegenen Weinberge Deutschlands sind in der vulkanischen Landschaft des Hegau rund um den Vulkan Hohentwiel mit bis zu 560 Metern zu finden. Die Reben stehen in steiler Lage auf Vulkans- und Tuffgestein, hier reifen mineralische Weine mit herzhaft-eleganter Note.

Der Bodensee bei Überlingen

Fischerboote auf der Insel Reichenau

Panoramablick auf das barocke Städtchen Meersburg

Hohentwiel Panoramaaussicht

Sagenumwobene Meersburg

Weinreben im Herbst auf der Insel Reichenau

Das höchstgelegenste Weingut Deutschlands befindet sich im badischen Weinanbaugebiet des Bodensees und ist im Besitz der Familie Vollmayer in Hilzingen am Hohentwiel.

Ein Klassiker der Weinlandschaft Bodensee ist neben den Burgundersorten auch der Müller-Thurgau. Das Weingut Markgraf von Baden in Salem, das größte private Weingut Deutschlands, baute als erstes Weingut die Müller-Thurgau-Rebe im Jahr 1925 an. Dadurch wurde der Müller-Thurgau am Bodenseeufer heimisch und ist heute sehr beliebt, weil er so zart, elegant und feinfruchtig nirgend wo sonst zu finden ist.

Die Bodenseeregion ist auch kulturell mit ihren vielen Sehenswürdigkeiten einzigartig: das gotische Überlingen, das barocke Meersburg oder auch die Pfahlbauten von Unteruhldingen sind alljährlich beliebte Ziele für Urlauber. In der sagenumwobenen Meersburg, die dem gleichnamigen Städtchen den Namen gab, schrieb in den Vierziger-Jahren des 19. Jahrhunderts Annette von Droste-Hülshoff viele ihrer Gedichte. Auch Rainer Maria Rilke fühlte sich von der Schönheit des Bodensees in den Bann gezogen.

Er widmete dem See das folgende Gedicht:

Am Bodensee

Die Dörfer sind wie im Garten
In Türmen von seltsamen Arten
klingen die Glocken wie weh.
Uferschlösser warten
und schauen durch schwarze Scharten
müd auf den Mittagsee.

Und schwellende Wellen spielen
und goldene Dampfer kielen
leise den lichten Lauf.
Und hinter den Uferzielen
tauchen die vielen, vielen
Silberberge auf.

Rainer Maria Rilke

Außergewöhnliche Weine eines außergewöhnlichen Ortes *Weingut Aufricht*

Das Weingut Aufricht in Meersburg-Stetten ist ein Ort, an dem sich die ganze Fülle des Daseins spüren und leben lässt: Natürliche Menschen pflegen ihr Erbe inmitten des Meersburger Landschaftsschutzgebietes und lassen andere an diesem außerordentlichen Genuss teilhaben. Wer das Herzstück dieser behutsam kultivierten Natur im südlichsten Weinbaugebiet Deutschlands betritt, wird willkommen geheißen in einer Art, die nicht selbstverständlich ist – und umso kostbarer: mit zugewandter Aufmerksamkeit, die keine Inszenierung benötigt. Die Sehnsucht nach dem Echten mit Fingerspitzengefühl für wahre Werte – hier wird sie gestillt. Stress und Hektik sind weit weg, eine Atmosphäre der Freundlichkeit und des Vertrauens, des Spürens, der Achtsamkeit und Wertschätzung lässt den Gast auf- und durchatmen. Die ästhetische Architektur des Weinguts folgt in vorbildlicher Weise der Natur, ohne sie nachzuahmen: Sämtliche Gebäude sind aus

heimischen Materialien ohne „Fremdkörper“ gebaut. Inmitten der Reben, umringt von Birken, durchsprudelt von einem natürlichen Bachlauf, kann der Gast aufatmen, Ruhe finden, die Landschaft und den Wein genießen. Die Reben selbst – davon ist Manfred Aufricht überzeugt – spüren, dass

das Umfeld stimmt: „Unsere Reben hören den Wellenschlag, unsere Weine atmen den See", sagt er, der in 8. Generation zusammen mit seinem Bruder Robert, den Partnerinnen, Kindern und Mitarbeitern auf 35 zusammenhängenden Hektarn bis zu einer Höhe von 470 Metern die Weine des Familienweinguts an- und ausbaut. Nicht nur den Reben geht es gut in diesem von Sonne, Licht und Wärme geprägten, fast schon mediterranen Klima. Auch die Menschen können hier in ihrer ganzen Fülle gedeihen und wachsen. Leben und arbeiten gehören unmittelbar zusammen. Kleine Rituale werden zu großem Wohlbefinden: Während der Lese wird den teils seit 25 Jahren immer wiederkommenden Saisonarbeitern ein dreigängiges Menü serviert, man badet gemeinsam im See und entzündet nach getaner Arbeit ein Lagerfeuer.

Im Rhythmus der Jahreszeiten

Die Kontinuität einer Arbeitsphilosophie mit Herz, Hand und Verstand ist den Aufrichts wichtig. Sie lässt sich in dem einfachen Satz „Wir wollen nicht irgendeinen Wein produzieren, wir möchten das Beste aus den Trauben herausholen" zusammenfassen. Naturnaher An- und Ausbau,

Genauigkeit im Weinberg und Zeit – ganz nach der Devise vom Betriebsgründer Josef Aufricht, der nach dem Zweiten Weltkrieg vorwiegend Obstbau betrieb, bevor er sich ab den 1950er-Jahren ganz den Reben widmete: „Man muss sich Zeit lassen im Weinberg, so wie ein guter Wein Zeit zum Reifen braucht." Der ganze Reiz des Winzerdaseins wird hier offenbar: die Arbeit im Rhythmus der Jahreszeiten, der Wert der Geduld, die Vorfreude auf das Gelingen. Und immer auch das Risiko der Unwägbarkeiten: des falschen Zeitpunkts, des verregneten Sommers, der unvorhersehbaren Gefährdungen … „Wein ist nach wie vor keine standardisierte Ware, das Handwerk des einzelnen Weinbauers scheint durch."

Der Lohn für alle Arbeit kann sich sehen lassen: Das Weingut Aufricht gehört zu den stets mit höchsten internationalen Auszeichnungen bedachten Betrieben in Baden. Vier Mal in Folge wurde das Weingut mit dem Grauburgunder-Preis gekürt, für den bereits seit über 1.000 Jahren am Bodensee heimischen Spätburgunder konnte Aufricht die Goldmedaille beim AWC Vienna 2014 und Großes Gold für „Bester Spätburgunder Deutschlands 2015" durch die Mundus-Vini-Frühjahrsverkostung entgegennehmen. Das spricht sich herum und wertet die ganze Region auf. „Es macht uns glücklich, mit unserem Weingut und seinen Weinen einen Beitrag zu etwas Größerem leisten zu können", bestätigt der Patron.

Aufricht-Weine kann man an sechs Tagen pro Woche direkt im Weingut probieren und kaufen. Wer sich nicht entscheiden kann, welchen der mit Muße im ästhetisch und kunstsinnig gestalteten Verkaufsraum oder auf der Panorama-Terrasse verkosteten Weine er mit nach Hause nehmen möchte, für den hat die Familie Aufricht zwei Pakete mit je sechs ausgewählten Weinen geschnürt: Das „Probierpaket" enthält die Basissorten der weißen und roten Spezialitäten, das „Premiumpaket" begeistert anspruchsvolle Kenner. Weinproben in größerem Rahmen können jederzeit individuell gebucht werden, kulturelle Veranstaltungen ergänzen im Winterhalbjahr die regelmäßigen Kräuterwanderungen im Sommerhalbjahr.

Die Kolumne, in der Manfred Aufricht seine Beobachtungen und Erkenntnisse mit seinen Fans teilt, hat sich zu einer sensiblen Studie über das Alltagsgeschehen rund um den Bodenseewein entwickelt. „Offen und erfreut" blicke man in die Zukunft. Die nächste Generation setzt das Gelernte und Studierte direkt in die Tat um, baut bereits eigene Weine aus und wird die Tradition mit neuen Akzenten bereichern.

Weingut Aufricht
Höhenweg 8 | 88719 Meersburg-Stetten
Tel. +49 75 32/24 27
E-Mail: info@aufricht.de
www.aufricht.de

Aufricht
SPÄTBURGUNDER SOPHIA 2014
Aufricht
GRAUBURGUNDER 2015
Aufricht
MÜLLER-THURGAU 2015
Aufricht
ROSÉ 2015

WEINVERKAUF

Aufricht

Blick auf den Bodensee bei Meersburg mit Weinbergen vom Weingut Aufricht

Zwischen Wein und Wasser

Romantik Hotel Residenz am See

Romantik und Residenz: eine ideale Kombination – noch dazu kombiniert mit höchsten kulinarischen Raffinessen in einer der schönsten Ecken Deutschlands: Das Romantik Hotel Residenz am See liegt fünf Spazierminuten außerhalb des lebhaften Hafenstädtchens

Meersburg zwischen Wein und Wasser. Der Blick aus den meisten Zimmern, den beiden Restaurants und der Terrasse gleitet über die einzigartige Landschaft, von den nahen Bäumen zum See und hinüber zu den Schweizer Bergen am Horizont. Hier feiert die Natur rund um die Uhr eine meisterliche Inszenierung. Der Garten hinter dem Haus lädt zur Entspannung ein; hier wachsen auch die Kräuter für die feine Küche. Manfred Lang leitet das Haus seit 23 Jahren. Er weiß, was Menschen in seinem Hotel suchen und finden: ankommen, ablegen, ein Gläschen trinken. Abschalten vom Alltag eben. Umsichtig und zugewandt, aufmerksam und diskret geleitet das freundliche Personal den Gast durch das Haus und den Tag. Das Team, sagt Manfred Lang, ist die Seele eines Betriebs, der sich perfektes Wohlgefühl auf die Fahnen geschrieben hat.

Jedes der 25 Zimmer ist in einem der 17 verschiedenen Interieurs vom Patron und seiner Frau Susanne individuell ausgestattet, die meisten bieten beim Aufwachen und Einschlafen einen unverstellten Bodenseeblick, der auch vom geräumigen überdachten Balkon genossen werden kann. Besonderen Wert legt Familie Lang auf ein harmonisches Zusammenspiel von Farben, Formen, Materialien und Licht. Die Liebe zum Detail äußert sich in Designs, die von Geschmack und heiterem Kunstgeist zeugen.

Die beiden vielfach ausgezeichneten Restaurants „Casala" und „Residenz" passen sich dem Ambiente und Geist des Hotels an: höchste Qualität in stilvoller Umgebung. In der Küche, unter der Leitung des Küchenduos Manfred Lang und Markus Philippi, sind ausnahmslos Kenner und Könner am Werk. Jede Speise, jedes Menü, jede Patisserie ist sorgfältig durchkomponiert und wird stets frisch und mit Liebe zubereitet. Sommelier Jens Leutelt vermittelt die Leidenschaft für sein Metier mit Enthusiasmus und Genießerfreude: Über 500 Weine – unter anderem die unter Assistenz des Hobbywinzers an- und ausgebauten Kreationen – lagern im Weinkeller des Hotels und werden von den Gästen gerne als süffiger Erinnerungsanker mit nach Hause genommen. Auch die hausgemachten Marmeladen, Honigsorten und Tees erfreuen sich großer Beliebtheit. Spezielle Arrangements locken zu saisonalen und themenzentrierten Wochenenden, in der „Bodensee-Kochschule" bereiten die Residenz-Köche unter der Leitung von Markus Philippi zusammen mit den Gästen verführerische Rezepte mit Gelinggarantie zu.

Romantik Hotel Residenz am See
Uferpromenade 11 | 88709 Meersburg
Tel. +49 75 32/8 00 40
E-Mail: info@hotel-residenz-meersburg.com
www.hotel-residenz-meersburg.com

Das Familien-Erfolgsteam

Weingut Vollmayer

Seit 1928 beschäftigt sich die Familie Vollmayer mit dem Weinbau in Deutschlands höchstgelegenem Weinbaugebiet im Landschaftsschutzgebiet am Hohentwiel. Knapp 22 Hektar Betriebsfläche, umgeben von Magerwiesen und Wäldern, umfasst der Besitz. Auf bis zu 560 Höhenmetern mit extremen Steillagen bis zu 80 Prozent, gedeihen anspruchsvolle weiße und rote Rebsorten. Als „größten Arbeitgeber im Hegau mit 66.000 Mitarbeitern" bezeichnet Georg Vollmayer seine Rebstöcke. 2010 begannen er und seine Frau Beate auf ökologischen Weinbau umzustellen, seit dem Jahrgang 2013 ist der Betrieb als Bio-Weingut zertifiziert. Standards sind: Ertragsreduzierung, schonendste Verarbeitung, traditionelle Maischegärung, biologischer Säureabbau, Reife im Eichenholzfass, Verzicht auf Schönungen und Zusätze sowie sanfte Filtration. In der Summe Garanten für bekömmlichen und vielfach ausgezeichneten Weingenuss. Solarenergie und eine Hackschnitzelheizung versorgen das Weingut zeitgemäß umweltfreundlich.

Riesling, Müller-Thurgau, Bacchus, Chardonnay, Weiß- und Grauburgunder, Auxerrois, Sauvignon Blanc, Muskateller und Gewürztraminer sind die prächtig gedeihenden Weißweine. Spätburgunder Cabernet Dorsa und Cabernet Cortiz sowie Dornfelder und Regent ergänzen das Sortiment im Rotweinbereich. Auch herrlich frische Seccos produziert die Familie, die sich als echte Teamplayer mit verteilten Rollen und großer Offenheit für neue Tendenzen empfindet. Während Georg sich „mit Leib und Seele" seinen Reben widmet, kümmert sich Beate um die Vermarktung: Die „humorvolle Winzerin und Weingut-Managerin" – wie sie vom TV-Format „Lecker aufs Land" vorgestellt und dessen Staffelsiegerin sie 2015 wurde – ist für den Verkauf, die Verwaltung und auch für die fachkundigen Weindegustationen zuständig.

Das Weingut beherbergt die Produktion und Lagerung, den Verkaufs- und Verkostungsraum sowie die Kellereien und privaten Räume der Familie. Ein Gästehaus wird ab 2017 acht Doppelzimmer mit Blick in die umliegenden Weinberge bieten. Die erwachsenen Töchter Isabelle, Lisa und Désirée beschäftigen sich in Ausbildung und Studium ebenso intensiv wie begeistert mit dem Thema Weinbau und unterstützen ihre Eltern nach Kräften. Diese freuen sich über so viel Engagement, die Präsenz im Internet und in sozialen Medien. 2017 werden die drei ihre eigenen Experimente auf einem 1,5 Hektar großen Areal beginnen. Schon jetzt finden die Weißwein-Cuvée namens „Isabell" und „Lisecco" für Lisa besonders guten Anklang sowohl bei jüngeren wie bei älteren Weingenießern.

Weingut Vollmayer
Elisabethenberg 1 | 78247 Hilzingen
Tel. +49 77 31/6 41 47
E-Mail: info@vollmayer-weingut.de
www.vollmayer-weingut.de

Sonnenuntergang bei Radolfzell am Bodensee

Klassiker der frischen badischen Landküche

Landgasthof Zum Adler

Im Landgasthof „Zum Adler“ inmitten der ländlichen Idylle von Lippertsreute zwischen Überlingen und Salem treffen sich seit elf Generationen Menschen mit dem Sinn für das Besondere im Einfachen. Das über 300 Jahre alte Anwesen wird seit 1989 von Peter Vögele mit gastronomischem Angebot, Zimmern im Fachwerkhaus, einem modernen Gästehaus sowie Appartements und Ferienwohnungen geführt. Das liebevoll restaurierte und stilsicher ausgestattete Gasthaus bietet Raum in der Gaststube und im „Ahnenstüble“. Laue Sommerabende genießt man auf der platanenüberdachten Bauernterrasse. Peter Vögele wird seinen vielen Talenten und Interessen durch einen ausgeprägten Sinn für das Wesentliche seiner Profession gerecht: Freiheit und Verantwortung sind Garanten für das kontinuierliche Gelingen inklusive sicherer Auswahl, Ausbildung und Führung der Mitarbeiter. Sein

„wunderbarer Souschef“ kümmert sich um die Umsetzung der Ideale und der freundliche Service ergänzt die perfekte Gastlichkeit.

Nach dem Abitur hat der Vater von fünf Kindern, der selbst aus einer Familie mit acht Kindern stammt, eine Kochlehre im Glottertäler „Hirschen“ absolviert und Betriebswirtschaft im Tourismus studiert. Danach machte sich Vögele an die konsequente Um- und Ausgestaltung des großen Areals mit Blick zur Kirche und in die liebliche Landschaft bis hinauf nach Heiligenberg. Die Orientierung an seinem Vorbild, dem Schweizer Koch Philipp Rochat – nicht mehr als drei Geschmäcker gehören auf den Teller; der Geschmack muss sich aus den Zutaten selbst entwickeln –, lebt der Wirt: Auf der Speisekarte finden sich Klassiker der frischen badischen Landküche vom perfekten Wurstsalat über die hausgemachte Bratwurst bis zu Kalbs- und Schweinebäckle. Auch manche Spezialitäten, die andernorts so gut wie ausgestorben sind, feiern hier ein Fest: Kalbsnierle und Ochsenschwanzragout gehören dazu. Was lange schmoren und schmurgeln darf, entwickelt einen verführerischen Duft und überzeugt durch unverwechselbares Aroma: „Der Ochsenschwanz freut sich, wenn er lange schmoren darf und viel Rotwein bekommt“, schwärmt Peter Vögele. Im Naturfelsenkeller lagern ausgewählte Weine heimischer Winzer, Weinproben machen die Gäste auf Wunsch mit den guten Tropfen bekannt, Kochkurse und Catering ergänzen das Angebot. So viel Engagement hinterlässt positive Spuren in Gourmet-Führern, die den Landgasthof Zum Adler regelmäßig mit Lob überschütten. Varta, Gault-Millau, Michelin, Feinschmecker, Aral sind begeistert. Doch Peter Vögele weiß: „Die Sterne sind nicht im Buch. Die sind im Lokal.“

Landgasthof Zum Adler
Hauptstraße 44 | 88662 Lippertsreute
Tel. +49 7553/82550
E-Mail: info@adler-lippertsreute.de
www.adler-lippertsreute.de

Sara Thorley und Sigrun Grether: Wein ist ihre Leidenschaft

Fachhandel mit Entdecker-Potenzial

Weinmarkt an der Laube

Internationale Weine von kleinen Winzern zum günstigen Preis: Die Kernkompetenz des über 33 Jahre alten Traditionsunternehmens „Weinmarkt an der Laube" ist damit in Kürze benannt. Bei der Entdeckungsreise in die internationale Weinwelt, von den lokalen Bodensee- und badischen Weinen bis zu besten Tropfen der „Neuen Welt" in Übersee, findet sich hier das Richtige für jeden Geschmack. Sara Thorley leitet als gelernte und leidenschaftliche Expertin den Weinmarkt. Die gebürtige Engländerin war bis zu dieser Tätigkeit in vielen Weingegenden der Welt unterwegs. Daher kann sie auf viele persönliche Erfahrungen zurückblicken. Stationen wie Hongkong, Neuseeland und ein badischer VDP-Betrieb haben Sara Thorley geprägt.
Der Weineinkauf im Weinmarkt in persönlicher, individueller Atmosphäre wird durch kompetente Beratung und die 10 eigenen Parkplätze direkt vor dem Eingang unterstützt. Die Direktlieferung nach Hause der ca. 700 Weine, Champagner, Sekte und Proseccos ist selbstverständlich auch möglich. Zum Teil gibt es das Sortiment des Weinmarkts auch gekühlt zum Mitnehmen – perfekt für eine spontane Party, einen geselligen Abend mit Freunden oder einen romantischen Abend zu zweit. Sara Thorley berät gerne über die Möglichkeit, Festlichkeiten oder Events mit dem Sortiment des Weinmarkts wie auch dem Verleihservice auszustatten. Weinverkostungsmöglichkeiten aller Art sind individuell buchbar.

Die aus Lörrach stammende Familie Wolfgang und Sigrun Grether, die die Betreiber des Weinmarkts sind, gehen im

Wolfgang und Sigrun Grether, Weinökonomen mit Tradition

Frühjahr zusammen mit Sara Thorley auf Entdeckungs- und Einkaufstour: Priorität sind kleine und im Fachhandel vertretene Weinspezialitäten. Neue oder unbekannte Sorten bekommen auch eine große Chance entdeckt zu werden. Einziges Kriterium für die Auswahl ist: „Die Qualität und der Preis müssen stimmen." Das Hauptsortiment besteht aus Bodensee-, badischen, spanischen und italienischen Weinen in jedem Preissegment, darunter auch Marken wie Châteauneuf-du-Pape, Barolo, Amarone, Emeritus oder Nicolas-Feuillatte-Champagner. Die Stammkundschaft schätzt das sehr und kann sich auf die Wahl und das Urteil der Fachfrauen verlassen. Die Selektion aus über 700 Produkten erfolgt ausschließlich über den Geschmack und die Vorlieben der Kunden – auch in Fragen der richtigen Begleitung zu kulinarischen Genüssen: „Sie sagen, was Sie kochen wollen. Wir empfehlen Ihnen den passenden Wein", sagen die drei Weinexpertinnen von dem Bodenseeweinkeller Konstanz, wie der Weinmarkt an der Laube nun jetzt als Familienbetrieb firmiert. Vom preiswertesten bis hin zum kostbarsten Wein, Sekt, Champagner findet sich für jeden Geschmack der richtige Tropfen. Darüber hinaus erfreuen sich Fasswein, Most, Spirituosen, internationale Aperitifs und offener Grappa, Sherry oder Portwein großer Beliebtheit. Ergänzt wird das Sortiment durch geschmackvolle Feinkost- und Geschenkartikel für jeden Anlass und Geldbeutel.

Weinmarkt an der Laube

Fam. Wolfgang und Sigrun Grether
Bodenseeweinkeller Konstanz GmbH
Untere Laube 17 | 78462 Konstanz
Tel. +49 75 31/2 21 31
E-Mail: weinmarkt-konstanz@t-online.de
www.weinmarkt-konstanz.de

Sara Thorley: Betriebsleitung
Sigrun Grether: Geschäftsleitung
Wolfgang Grether: Geschäftsleitung
Heike Roensch: Service, Beratung, Verkauf
Andreas Agorastos und Peter Weiler:
Lager, Versand, Service und Zustellung

Großes Glück auf grüner Insel

Hotel-Restaurant „mein inselglück“

Ein Ort der erfüllten Sehnsucht. So beschreibt Nadine Staiger ihren wahrgewordenen Traum vom eigenen Hotel auf der Insel Reichenau. Gemeinsam mit ihrer Familie hat sie sich durch jahrelange Verzögerungen nicht aufhalten lassen und ihr persönliches Inselglück realisiert: 2014 wurde das Ensemble aus drei Häusern mit

Blick auf den Untersee eröffnet und gilt schon längst nicht mehr als Geheimtipp. Hier fühlen sich Menschen aller Generationen wohl. 32 großzügig-geräumige Zimmer und Suiten warten auf Gäste, die das Besondere in einer sorgfältig komponierten familiären Atmosphäre schätzen: freundliche Gastgeber in einer natürlichen Umgebung mit allen Annehmlichkeiten. Im ganzen Hotel-Restaurant „mein inselglück“ gibt es kostenloses WLAN, Parkplätze findet man vor dem Haus oder in der Tiefgarage, alle Zimmer sind per Aufzug erreichbar und über Laubengänge verbunden, in den Familienzimmern sind Baby-Beistell-bettchen möglich – schließlich sind die Staigers selbst Eltern zweier Kinder. „Etwas anders als andere“ lebt die Familie mit Bewusstsein und Herzblut. Sie wissen: „Jeder braucht seine Insel.“

Im Restaurantbereich kommen die Gäste an der Familientafel miteinander ins Gespräch, tauschen sich über den Tag aus oder schmieden Pläne für gemeinsame Unternehmungen.

An den umstehenden Tischen nehmen die anderen Gäste Platz. Von der Terrasse aus überblickt man den Untersee und einen Teil der grünen Insel. Das reichhaltige Frühstücksbuffet lässt keine Wünsche offen und wird mit Omas Hefezopf mit hausgemachter Marmelade süß ergänzt. Mittags werden gesunde Snacks serviert, abends lädt Familie Staiger zum dreigängigen Menü oder Speisen à la carte. Die tägliche „Inselpost" informiert über aktuelle Veranstaltungen, das Abendmenü und das Inselwetter. Vater Charly unternimmt regelmäßig Fahrten auf Fischer- bzw. Segelboot mit den Gästen um die Insel, die lebhafte Universitätsstadt Konstanz ist nur 10 Kilometer entfernt.

Der Wellnessbereich bietet neben einer 90°C-Sauna, ein 40°C-Dampfbad und dem 60°C-Sanarium eine Infrarot-Kabine, Kosmetik und Massage für die erholungshungrigen Gäste. Im Ruheraum und auf der Liegewiese gelingt das Abschalten ganz von selbst. Gerade außerhalb der Hochsaison wird der Aufenthalt zu einem Hochgenuss für die Sinne. Pauschalangebote für Aktive, Paare und Romantiker ergänzen das individuelle mein-inselglück-Programm, Feiertagsarrangements erfreuen mit saisonalen Angeboten des 365 Tage im Jahr geöffneten Hotels.

Hotel und Restaurant mein inselglück
Abt-Berno-Straße 3 | 78479 Insel Reichenau
Tel. +49 75 34/9 95 59 60
E-Mail: info@meininselglueck.de
www.meininselglueck.de

Pappelallee zur Insel Reichenau

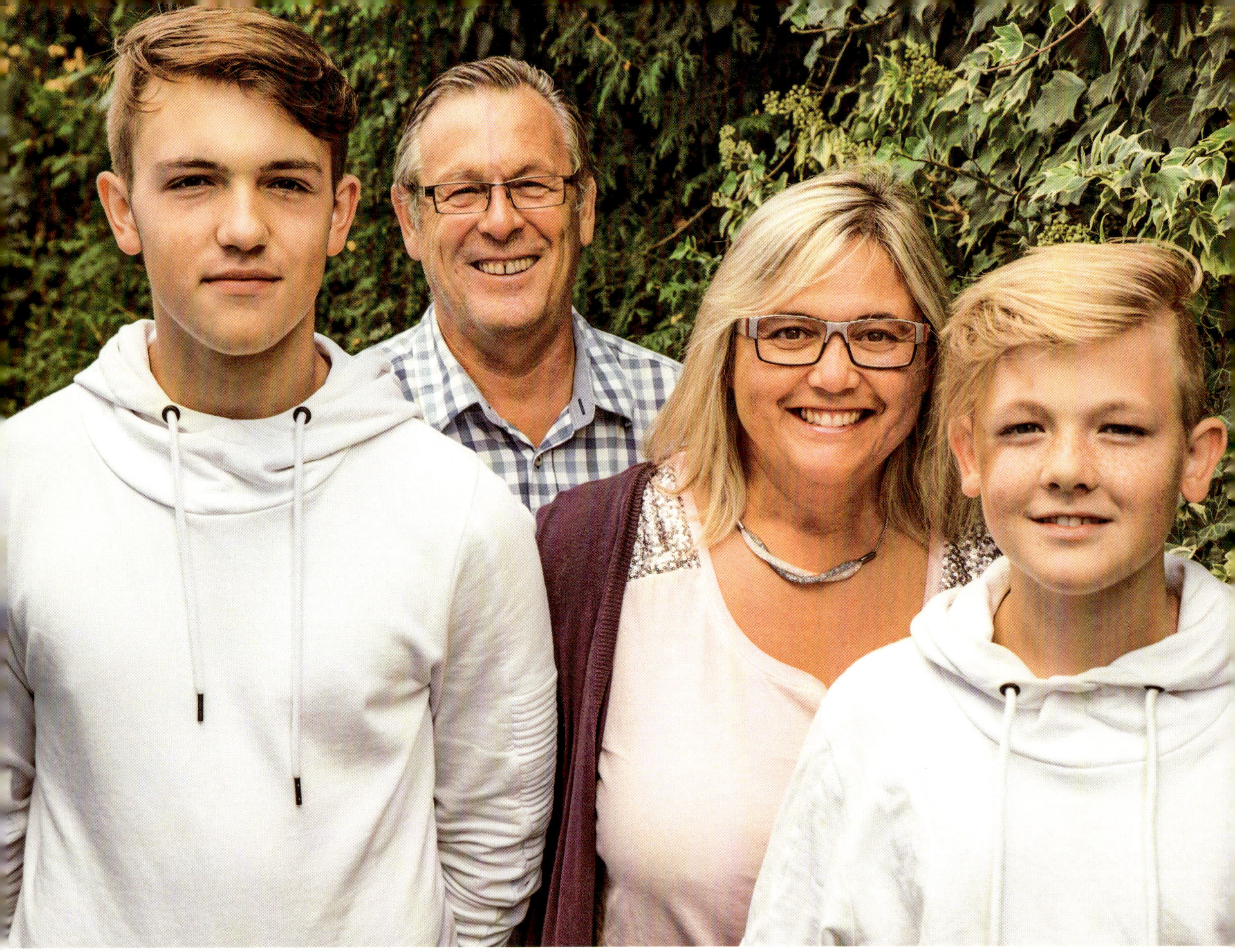

„Fort von zu Hause und trotzdem daheim"

Landgasthof Hirschen Lienheim

Eigentlich wollten Elvira Knuth und Freddy Kuno nur den traditionellen, über 400 Jahre alten Landgasthof, den sie vor langer Zeit gekauft und verpachtet hatten, wieder auf Vordermann bringen. Damals, so erinnert sich das Ehepaar in der gemütlichen Gaststube, waren sie noch in ihren ursprünglichen Berufen als Steuerfachgehilfin und Versicherungskaufmann tätig und boten zusätzlich eine Abendgastronomie an. Das war 1991 und aus dem „eigentlich – nur" sind 25 Jahre erfolgreicher Gastronomie in Hohentengen-Lienheim am Hochrhein geworden. Einem Anspruch jedoch sind die Inhaber bis heute treu geblieben: Frische, bodenständige Küche mit natürlichen Zutaten und viel Geschmack bieten sie ihren Gästen, die teils seit einem Vierteljahrhundert zweimal wöchentlich in den Hirschen kommen. Ob Mittagstisch, abendliches Menü oder Familienfeier: Ein konstant hohes Niveau hat das Vertrauen der zahlreichen Besucher aus der Umgebung, aus der Schweiz und den Nachbarländern

gestärkt. Neben den Klassikern wie Kalbsrückensteak an Morchelrahm und hausgemachten Spätzle oder Egli- und Zanderfilet mit Blattspinat lebt die Karte von dem aktuellen Angebot des Wochenmarkts. Vier bis fünf Sorten Frischgemüse sind immer mit dabei.

Neben dem wöchentlich wechselnden Menü können die Gäste aus einem À-la-carte-Angebot wählen. Auf spezielle Wünsche oder Unverträglichkeiten wird gerne und flexibel eingegangen. „Das ist unser Erfolg", strahlen die beiden.

Gemeinsam mit dem jungen Küchenchef Marcel Burggraf, der sich seine Meriten unter anderem bei Fernsehkoch Johann Lafer verdient hat, erfüllt Freddy Kuno die kulinarischen Träume der Gäste in einem guten Preis-Leistungs-Verhältnis, Elvira Knuth kümmert sich um den Service und die Zimmer. Insgesamt 70 Betten bieten die Inhaber im Gästehaus mit reichhaltigem Frühstücksbuffet, in sechs Ferienwohnungen und einem Ferienhaus. „Fort von zu Hause und trotzdem daheim" ist zur Devise der Gastronomen geworden, die ihre Kenntnisse auch in der Ausbildung zu Restaurantfachleuten und Köchen weitergeben. Waren zu früheren Zeiten vor allem beruflich Reisende ihre Kundschaft, so entdecken immer mehr Urlauber die vielfältige Region am Hochrhein. Neben Wanderern finden speziell Radreisende hier ein Eldorado für ihre Leidenschaft. Fahrräder und E-Bikes können direkt vor Ort ausgeliehen werden. Die Gastgeber bieten darüber hinaus Touren auf dem Hochrhein im eigenen Boot an.

Landgasthof Hirschen
Rheintalstraße 13 | 79801 Hohentengen-Lienheim
Tel.: +49 77 42/76 35
E-Mail: info@hirschen-lienheim.de
www.hirschen-lienheim.de

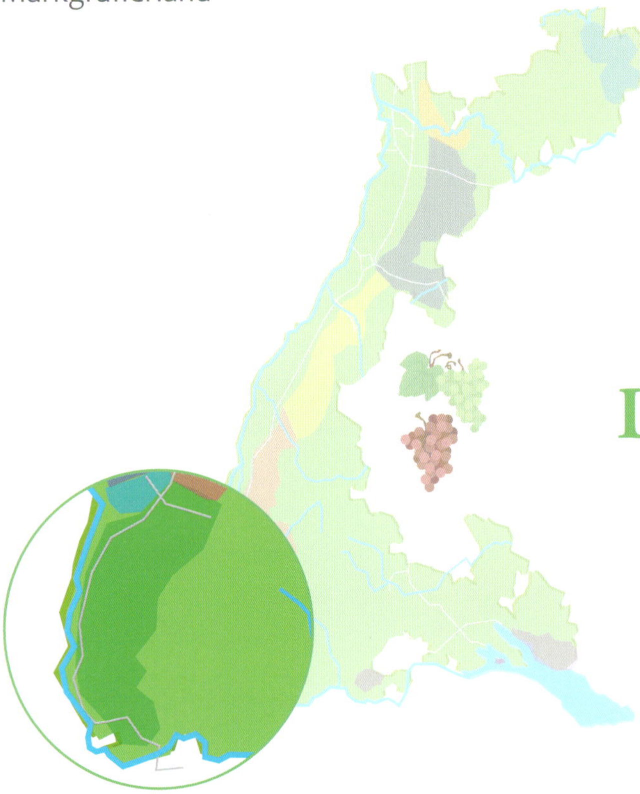

Das Markgräflerland
Die Heimat des Gutedels

Angelehnt an die südlichen Ausläufer der Schwarzwaldberge, ausgebreitet zwischen Rhein und Reben lockt das Markgräflerland mit seinen rund 2000 Sonnenstunden im Jahr zum Ausspannen, Genießen, Erholen, Erleben. Warme Quellen speisen die Thermalbäder, südliche Winde lassen Wein, Obst und vielerlei Gemüse gedeihen. Von einer langen und bewegten Geschichte zeugen zahllose Kulturdenkmale, stolze Burgen, prächtige Schlösser, mit kostbaren Fresken geschmückte Kirchen und Kapellen. Charmante Landstädtchen und malerische Winzerdörfer laden zum Verweilen und Entdecken ein. Auf Sichtweite liegen die Vogesen und die Juraberge – das Land am südlichen Oberrhein hat beides, beschauliche Nähe und lockende Ferne. Drei Länder treffen hier zusammen, jedes setzt seine individuellen Akzente, die gemeinsame Geschichte und die alemannische Sprache verbinden.

Gutedel und andere Weingenüsse

Der Markgräfler Hauswein, der Gutedel, gedeiht nur hier und kam einst von den wärmeverwöhnten Weinbergen um den Genfer See. Der jährliche Wettbewerb

Weinanbau um Burg Staufen

um den Gutedel-Cup zeigt, dass dieser Wein ein Alleskönner ist, der durch sorgfältigen Ausbau Spitzenqualitäten von internationalem Niveau erreicht. Aber das Markgräflerland kann noch mehr, was den Weinbau betrifft. Einen repräsentativen und genussreichen Querschnitt durch die Sortenpalette bietet der Müllheimer Weinmarkt, deutschlandweit der älteste seiner Art. 2017 wird er seine 135. Auflage erfahren. Rund 60 Winzergenossenschaften und Weingüter präsentieren an diesem traditionellen letzten Freitag im April ihre Weine, vor allem die des aktuellen Jahrgangs, der zu dieser Zeit in die Flaschen kommt. Die Auswahl umspannt rund 400 Weine vom Qualitätswein über spritzige Kabinettweine bis zur edlen Spätlese und den Preziosen aus der Schatzkammer der Eisweine und Trockenbeerauslesen. Kenner und Liebhaber, Winzer, Gastronomen und Händler geben sich hier ein Stelldichein, vergleichen, bewerten, genießen ... Der Müllheimer Weinmarkt zeigt die große Sortenvielfalt, die im Markgräflerland gedeiht und hervorragende Qualitäten generiert. Neben dem Gutedel sind die Burgunderweine die Stars der Präsentation, aber auch exotischere Sorten wie Souvignier Gris, Johanniter oder Auxerrois haben hier ihren glanzvollen Auftritt. Dass das Markgräflerland nicht nur ein Land der Weißweine ist, beweist seit einigen Jahren die Markgräfler Rotweinnacht Ende Oktober in Bad Bellingen. Neben ausgereiften charaktervollen Weinen der verbreiteten Sorten wie Pinot Noir, Spätburgunder Rotwein, Merlot, Regent und Cabernet

Vergeblich klopft, wer ohne Wein ist, an der Musen Pforte.

– Aristoteles

Sauvignon zeigen hier die Kellermeister mit samtigen, fruchtigen Cuvées ihr ganzes Können. Bodenständigkeit und Innovation sind die beiden Eckpfeiler, die den Weinbau im Markgräflerland bestimmen. Der Wein als Grundakkord zum Wohlfühlen bestimmt Urlaub und Freizeitgestaltung in dem Land „wo der Wein vor der Kulisse des Schwarzwaldes reift", wie schon Goethe anerkennend feststellte.

Das Markgräfler Wiiwegli

Eine viel versprechende Möglichkeit, mit der Landschaft und dem Wein des Markgräflerlands auf Tuchfühlung zu gehen, ist das „Markgräfler Wiiwegli" (alemannisch für Wein-Weglein), ein vom Schwarzwaldverein konzipierter und ausgeschilderter Wanderklassiker, das auf 77 abwechslungsreichen Kilometern von Weil am Rhein nach Freiburg führt. Wer das Wiiwegli in seiner ganzen Länge erwandert, hat am Ende mit allen nennenswerten Weinlagen des Markgräflerlands Bekanntschaft gemacht, vom Weiler Schlipf über den Isteiner Kirchberg, das Schliengener Sonnenstück und die Gewanne Auggener Schäf und Müllheimer Reggenhag bis zum Badenweiler Römerberg, den Lagen am Castellberg, Laufener Altenberg, Staufener

Landschaft bei Auggen

Schlossberg und Batzenberg. Streckenweise sind in das Wiiwegli auch lokale Weinlehrpfade integriert wie in Schliengen und Auggen, so dass das Hintergrundwissen nicht zu kurz kommt. Da sich die Steigungen in Grenzen halten, ist das Wiiwegli auch für weniger geübte Wanderer gut machbar. Doch es geht auch gemütlicher, zumal das Wiiwegli von vielen Haltestellen des öffentlichen Nahverkehrs aus gut erreichbar ist und man sich so nach Lust, Laune und Kondition einen Abschnitt herauspicken kann: Spaziergang, Halbtagestour oder Tageswanderung frei nach Wahl. Das Auto kann man allermeistens stehen lassen, die Rückfahrt mit Bus oder Bahn zum Ausgangspunkt erlaubt zudem ungetrübten Weingenuss bei der Rast. Die malerischen Weindörfer entlang der Strecke bieten eine Fülle von gemütlichen Einkehrmöglichkeiten oder auch ein kuscheliges Nachtlager, Winzergenossenschaften und Weingüter laden zur spontanen Weinprobe ein. Auf diese Art kann man die Bekanntschaft mit romantischen Gewölbekellern, gemütlichen Probierstuben oder im Sommer auch malerischen, von Rosenhecken und Oleanderbäumen eingerahmten Innenhöfen machen, die von der langen Tradition des Weinbaus im Markgräflerland berichten.

Markgräfler Museum in Müllheim

„Das ist unser Weg“
Das Weingut Röschard

Dass jedem Anfang ein Zauber innewohnt, davon kann Ralf Röschard ein Lied singen: Schon als Jugendlicher bemerkte er, dass ihn eine Schul- und Universitäts-Karriere konventioneller Art nicht glücklich machen würde. So beschritt er seinen ganz eigensinnigen Weg zur beruflichen und persönlichen Erfüllung im familiären Weinbau. An erster Stelle stand die Erkenntnis: „Ich muss etwas mit den Händen machen.“ Diverse Praktika bei namhaften südbadischen Weingütern legten den Grundstein für die Entscheidung zur Ausbildung als Winzer, 2012 folgte das Studium zum Weinbautechniker in Franken.

Seit 2014 ist Ralf Röschard neben seinem Vater Werner und dem Onkel Gerd Röschard in vierter Generation für die acht Hektar im südbadischen Weil nahe der Schweizer Grenze zuständig.

„Schema F geht nicht im Weinbau.“ Diese Erkenntnis hat Ralf Röschard bei seinen diversen Ausbildungsphasen in anderen Weingegenden gewonnen. Die heimischen Muschelkalkböden, das feuchtwarme südbadische Terroir haben die Entscheidung für eine Fokussierung auf Burgunderweine bestimmt. Weiß- und Grauburgunder,

Chardonnay und Spätburgunder werden auf acht Hektar mit dem Bewusstsein für Klasse statt Masse an- und ausgebaut: behutsam, mit Zeit und Sinn für das Wesentliche wie sauberes Arbeiten in den Reben, Lese ausschließlich gesunder Trauben, lange Liegezeiten auf der Hefe und wenig Eingriff in die Natur. Röschards Rotweine reifen im Holzfass aus fränkischer Eiche, die Selektionsweine finden verstärkt Beachtung in der Gastronomie und im regionalen Handel. Regelmäßige Veranstaltungen auf dem Hof – das Hoffest am Muttertag mit Vorstellung des neuen Jahrgangs, das Herbstfest im September und der Jazz-Brunch – bieten Möglichkeiten für Weinliebhaber und -freunde, sich kennenzulernen und der gemeinsamen Leidenschaft zu frönen.

Neue Prioritäten setzen, eine zeitgemäße Linie finden, Tradition mit Moderne verbinden: Zwei Generationen Röschard schaffen diesen Balanceakt. Jungwinzer Ralf fühlt sich in Einklang mit sich und seiner Aufgabe: „Je länger ich hier bin, desto mehr wird mir bewusst, was für eine wunderschöne Sache das ist." Auch weil das Bewusstsein weit über den eigenen Horizont hinausreicht: Erhalt und Pflege der Kulturlandschaft sind ihm ein ebenso großes Anliegen wie die Verbindung von Kunst und Natur in der Region. „Das ist unser Weg", strahlt Ralf Röschard, der auch in der „Generation Pinot" engagiert ist.

Weingut Röschard
Breslauer Straße 75 | 79576 Weil am Rhein
Tel. +49 76 21/7 40 00
E-Mail: info@weingut-roeschard.de
www.weingut-roeschard.com

Bodenständig mit hohem Anspruch

Das Landgasthaus Waldhorn in Lörrach-Brombach

Es gibt sie noch, die kleinen kulinarischen Oasen im idyllischen ländlichen Umfeld der Stadtlandschaften! Im Lörracher Ortsteil Brombach hat Wolf Behrens in seinem historischen Landgasthaus Waldhorn ein Paradies des guten Geschmacks im Ambiente traditioneller Gastlichkeit etabliert. Seit 17 Jahren ist das Landgasthaus unter seiner Ägide für Gäste aus nah und fern eine gute Adresse für entspanntes Dasein zu jeder Jahreszeit. Im Winter wärmt der Kachelofen in der holzgetäfelten Gaststube und in den Gewölben lässt sich ein angeregter Abend bei Kerzenschein verbringen. Im Sommer werden die Tage und Abende unter einem ausladenden Kastaniendach zu lauschigen Erlebnissen à la Sommerfrische. Auch die Küche kann nicht widerstehen und wandert mit ins Freie: Die Spezialitäten vom Grill und aus dem Smoker sind eine Ode an die Vielfalt mit vielen kulinarischen Strophen, die die Gäste mit Begeisterung singen.

Dabei kommt jeder auf den Geschmack und alle auf ihre Kosten. Wolf Behrens ist kein kulinarischer Demagoge: Neben badischen Klassikern wie Leberle („wenn mir hän" – also nur, wenn es sie gerade schlachtfrisch gibt) und Sulz stehen auch kreative Kombinationen aus heimischer und globaler Küche auf der Karte, wie Dorade mit Südsee-

rezeptur und Schweinefilet italienische Art. „Nicht nur davon reden, sondern handeln" möchte der Wirt, wenn es um artgerechte Tierhaltung und -verwertung geht: Rinderfilet und -bäckle von einem Tier aus der nachhaltigen Zucht im Rickenbachhof gibt es nur in geringer Menge, dafür aber mit viel Eigengeschmack.

Mittwochs bis freitags lädt das Waldhorn zum frisch gekochten Mittagstisch: Je ein Gericht mit und ohne Fleisch wird begleitet von einem knackigen Salat der Saison, der wöchentlich wechselnde „Apero" lässt die Nähe zur Schweiz erahnen, für Salat- und Suppenliebhaber gibt es eine „Grüne Schüssel" und eine „Heiße Schüssel" mit feinen Kreationen des Küchenchefs. Am Samstag wird mittags ein Lieblingsgericht serviert und sonntags lockt ein veritables „Sonntags-Menü" mit drei Gängen zu Tisch.

Die begleitenden Weine stammen selbstverständlich aus der Region: Neben dem beliebten Fasswein aus Hügelheim stehen die Weingüter Landmann in Waltershofen und Kalkbödele in Merdingen ganz oben in der Gunst des Inhabers und seiner Gäste. Für Feiern und Banketts stellt das bewährte Team gerne ein passendes Menü zusammen.

Landgasthaus Waldhorn
Hüsinger Straße 2 | 79541 Lörrach-Brombach
Tel. +49 76 21/5 30 30
E-Mail: restaurant@waldhorn-loerrach.de
www.waldhorn-loerrach.de

Regionale Vielfalt unter einem Dach

Die Bezirkskellerei Markgräflerland

Die Weine der Bezirkskellerei Markgräflerland gedeihen an den südlichsten Rebhängen des Weinlandes Baden: Von Kirchhofen südlich von Freiburg bis nach Grenzach Wyhlen erstrecken sich die Rebberge, die von 1200 Winzerfamilien bewirtschaftet werden. Mit einer Anbaufläche von rund 940 Hektar ist die Bezirkskellerei der größte Erzeugerbetrieb des Markgräflerlandes und einer der größten Weinerzeuger Badens. 46 Winzergemeinden setzen auf die Zusammenarbeit mit dem Betrieb, für den Qualität und Erfahrung, Tradition und Innovation wichtige Säulen im Geschäftskonzept darstellen. 1952 wurde die Genossenschaft in Efringen-Kirchen als „Bezirkswinzergenossenschaft Obere Markgrafschaft" gegründet, die Anbaufläche war mit 115 Hektar damals bereits stattlich. Im Rahmen des ersten Markgräfler Weinfestes wurde 1954 der erste Neubau am nordöstlichen Rand von Efringen eingeweiht. Durch die umsichtige Geschäfts- und Grundstückspolitik des seit 1971 tätigen Geschäftsführers Gerhard Rüdlin wuchs das Unternehmen kontinuierlich weiter: vor Ort durch zahlreiche An- und

Umbauten des Betriebs, in der Fläche durch Fusionen. 2004 kam Ballrechten-Dottingen dazu, 2006 Bad Krozingen und 2010 Kirchhofen sowie eine Kooperation mit der Winzergenossenschaft Ebringen. Die Kellerkapazität, die bei der Gründung 1,2 Millionen Liter Wein umfasste, liegt heute bei 20 Millionen Litern.

Regionale Vielfalt

Alles unter einem Dach, aber die Vielfalt in der Regionalität bleibt gewahrt: Neben der großen Zentrale mit Weinmarkt in Efringen-Kirchen ist die Bezirkskellerei mit dem Castellbergkeller in Ballrechten-Dottingen, dem Winzerkeller Ehrenstetten und dem Winzerkeller Kirchhofen in der Fläche präsent, zeigt hier Nähe zu ihren Mitgliedern und Kunden, die den Direkteinkauf und die Beratung vor Ort schätzen. Und mit dem 2006 eröffneten „Wyhuus am Rhy" in Kleinbasel hat sie auch eine eigenständige Dependance in der nahen Schweiz. Der Größe des Betriebs angemessen präsentiert sich die Bezirkskellerei Markgräflerland an ihrem Hauptstandort in Efringen-Kirchen als „Markgräfler Weinmarkt" mit einer modernen Architektur, in der Glas als das Material der Transparenz eine dominierende Rolle spielt. Sie gibt neben dem Entrée einen spektakulären Blick auf die großen Stahltanklager frei, in denen die Weine ihrer Vollendung

entgegen reifen. Der mediterran gestaltete, als Park angelegte Außenbereich eignet sich vorzüglich als Kulisse für Veranstaltungen, in denen die edlen Weine und Sekte des Markgräflerlandes im Mittelpunkt stehen. Zum sommerlichen Sektfestival, einem der Höhepunkte im jährlichen Veranstaltungskalender, geben sich alljährlich Tausende von Besuchern hier ein genussreiches Stelldichein.

„Die Qualität beginnt im Weinberg"

„Unser Augenmerk liegt auf der Qualität, und die beginnt im Weinberg", betont Rüdlin. Ist die Anbaufläche auch groß, so ist doch jedes Flurstück digital erfasst und kartiert, was eine individuell auf Rahmenbedingungen wie geologische Beschaffenheit und Kleinklima abgestimmte Bewirtschaftung ermöglicht. Differenziert lesen, differenziert ausbauen: Der Kunde profitiert dabei von der Vielfalt der Lagen und Sorten, von denen einige einen legendären Ruf besitzen. Wie beispielsweise das „Feuerbacher Steingässle", für viele Kenner der Inbegriff des badischen Rotweins. Und auch die steilen Kalkböden des Grenzacher Horns generieren Rotweine mit internationalem Charakter, die unter der Regie von Kellermeister Günter Ehret auch zu noblen Cuvées ausgebaut werden. Der Gutedel, die Hauptsorte des Markgräflerlandes, hat im Angebot der Bezirkskellerei viele Facetten: Es macht Freude, seine verschiedenen Spielarten aus dem sich rund 50 Kilometer in Nord-Süd-Richtung erstreckenden Anbaugebiet zu vergleichen. Auf 36 Prozent der bewirtschafteten Rebfläche der Bezirkskellerei wächst Gutedel, eine der ältesten Kulturreben der Welt, deren Ahnenreihe in der Geschichte über 5.000 Jahre zurückreicht. Und da sind dann noch die edlen Burgunder, der Chardonnay und der Sauvignon blanc oder der Müller-Thurgau, elegante, körperreiche Weißweine und last but not least die Weißen mit der feinen Restsüße, Gewürztraminer und Muskateller, für besondere Anlässe. Viele Gewannnamen weisen auf die sonnenverwöhnten Lagen hin wie Binzener Sonnhole oder Mauchener Sonnenstück, jeder Bereich hat seine „Klassiker", deren Namen schon seit Generationen die Identität der Winzerfamilien stärken. Spitzenplätze in regionalen, nationalen und internationalen Prämierungen zeigen, dass das Qualitätsmanagement der Bezirkskellerei Markgräflerland auf dem richtigen Weg ist. Dazu kommen regelmäßig Auszeichnungen durch Fachzeitschriften.

Bezirkskellerei Markgräflerland
Winzerstraße 2 | 79588 Efringen-Kirchen
Tel.+49 76 28/91 14-0
Fax +49 76 28/29 76
E-Mail: info@bezirkskellerei.de
www.bezirkskellerei.de

Obstblüte im Eggener Tal im Markgräflerland

Innovativ und der Tradition verpflichtet

Die Erste Markgräfler Winzergenossenschaft Schliengen-Müllheim

Tradition und Innovation gehen in der Ersten Markgräfler Winzergenossenschaft Schliengen-Müllheim von Anbeginn an Hand in Hand. Schon ihre Gründung im Jahr 1908 war ein Akt fortschrittlichen Denkens: Ortspfarrer Leonhard Müller bewirtschaftete nach der Jahrhundertwende im Nebenerwerb ein Rebstück und hatte einen kleinen Weinhandel aufgezogen, in dem die Winzer des Ortes ihr Auskommen fanden. Er beschloss, eine Genossenschaft zu gründen, nachdem ihn das Erzbischöfliche Ordinariat in Freiburg ob dieser Geschäfte gerügt hatte. Schon zur Eintragung ins Genossenschaftsregister am 10. September 1908 zählte die junge Genossenschaft 71 Mitglieder. Heute sind viele Winzerfamilien schon seit mehreren Generationen Mitglied in der Genossenschaft. Auch im Sonnenstück-Team sind Winzer aus der Genossenschaft tätig. Sie tragen aktiv dazu bei, dass das in sorgfältiger Handarbeit geerntete Lesegut später als Spitzenwein in die Flasche kommt. Knapp über 300 Hektar umfasst

die bewirtschaftete Rebfläche inzwischen, davon liegen 220 im Markgräflerland. „Wir vergleichen uns mit einem großen Familienweingut", sagt Geschäftsführer Wolfgang Grether, der seit über 20 Jahren die Geschicke des Unternehmens lenkt. In diese Ära fallen auch die wichtigen Entscheidungen zu den Fusionen, die der Genossenschaft gute marktpolitische Zukunftsperspektiven verschafft haben. „Sonnenstück" steht auf vielen Etiketten der umfangreichen Produktpalette, es ist gleichzeitig auch das Stichwort, unter dem sich die Genossenschaft im Internet präsentiert, ein alter Schliengener Gewannname, der wie kaum ein anderer das beschreibt, was die Qualität der Weine ausmacht: exzellente Lagen in der fruchtbaren Hügellandschaft der Markgräfler Vorbergzone, von der Sonne verwöhnt. Die Premiumweinlinien spiegeln diese Vielfalt: „Schloss Bürgeln", genannt nach dem charmanten Rokokoschlösschen hoch über dem Eggenertal, verspricht finessenreiche Weine von großer Eleganz und unvergleichlichem Charakter, „Graf Zeppelin" erinnert an die erste Weltumrundung mit dem Luftschiff, bei der Wein aus Müllheimer Lagen kredenzt wurde, die heute von Genossenschaftswinzern bewirtschaftet werden. Weitere charaktervolle Weine aus Einzellagen in der Umgebung von Müllheim werden unter dem Label Markgräfler Lindenhof vermarktet, das Stammhaus, ein stattliches Anwesen aus dem 18. Jahrhundert gehört seit der Fusion mit Müllheim im Jahr 2001 zur Genossenschaft. Auch dem Gründer Leonhard Müller ist eine Sonderedition gewidmet. Beim Thema Winzersekt ist die Genossenschaft Spitzenreiter: 1990 wurde der erste deutsche Chardonnay-Winzersekt als erster seiner Art in Deutschland kreiert. Bis zu 30 Monate dürfen die Sekte heute auf der Hefe reifen, bevor sie ihr unvergleichliches Bukett und ihre prickelnde Eleganz erreichen. Wirtschaftliche Ressourcen wo es möglich ist bündeln, aber die Weine der Einzellagen sorgfältig und individuell ausbauen, ist das Credo der Genossenschaft. So finden die Kunden ein variantenreiches Angebot an Spitzenweinen und Rebsorten-Winzersekten für jeden Anlass.

Erste Winzergenossenschaft Schliengen-Müllheim e.G.
Am Sonnenstück 1 | 79418 Schliengen
Tel. +49 76 35/8 11 20
E-Mail: info@sonnenstueck.de
www.sonnenstueck.de

Schloss Bürgeln bei Schliengen im Markgräflerland

Herzliche Gastlichkeit

Gasthof Adler in Neuenburg

Seit 150 Jahren ist der Gasthof Adler am Ortseingang von Neuenburg weit über das südbadische Markgräflerland hinaus ein Begriff für herzliche, solide und bodenständige Gastlichkeit in authentischer Atmosphäre. Was Leib und Seele zusammenhält, das wird hier im Familienbetrieb seit fünf Generationen tagtäglich zelebriert: traditionelle badische Küche mit elsässischem Einschlag aus regionalen Zutaten und dem Bewusstsein für ehrlichen Genuss. Heute leitet Beate Meyer-Saurer gemeinsam mit ihren Eltern das geschichtsträchtige Haus. „Es macht Spaß, Menschen glücklich zu machen", strahlt die Hotelkauffrau, die stets auf ihr „Super-Team" zählen kann.

Die Speisekarte weist typische Klassiker der badischen Küche wie saure Leberle nach altem Hausrezept, knusprige Hähnchen, saisonale Spezialitäten wie Spargel, Pfifferlinge, Fisch und Wild auf. Chefkoch Alain Cheron ist bekannt für Qualität und Experimentierfreude. Weine ausgewählter Markgräfler Weingüter und Winzergenossenschaften runden das Mahl ab. Das täglich wechselnde Tagesgericht vereint Sehnsuchtsgerichte Suppe, Salat und Dessert zu einem Mittagsmenü mit Substanz. Von der „genießerischen Gelassenheit" ihrer französischen Gäste schwärmen die Wirtin, ihre Mutter Gerda ebenso wie Vater Ludwig Saurer vom frischen Tellergallert, das es als saisonale Spezialität nur in der Fastnachtszeit gibt. Allein dafür reisen die Gäste von weither an. Die Kunde von der guten Qualität wird freudig weitergetragen: Die meisten Gäste kommen auf Empfehlung und sind immer wieder begeistert von der familiären Gastfreundschaft. 65 Besucher finden in den gemütlichen Gasträumen Platz, ebenso viele auf der überdachten Sommerterrasse. Zwölf helle freundliche Zimmer laden zu Übernachtungen und Urlaubsaufenthalten am Ortseingang des Städtchens zwischen Rhein und Schwarzwald ein.

Legendär ist Mutter Gerdas Schwarzwälder Kirschtorte, für die nicht wenige Fans meilenweit reisen, um sich den süßen Traum von der perfekten Leckerei zu erfüllen. Doch auch Käse- und Obstkuchen der Saison sind allemal eine Sünde wert.

Schwarzwälder Kirschtorte

nach dem Rezept von Gerda Saurer im Gasthof „Adler“ in Neuenburg

Zutaten für den Biskuit:

8 Eier
1 Prise Salz
1 Tasse heißes Wasser
350 g Zucker
1 Vanillezucker
370 g Mehl (gesiebt)
1 TL Backpulver
1 EL Kakao
1 EL Nesquick oder Kaba

Zutaten für den Belag bzw. für die Füllung:

1 ¾ l Schlagsahne
4 EL Puderzucker
5 Blätter Gelatine
¼ l Kirschwasser
1 Glas Sauerkirschen
Schokoladenraspel

Zubereitung Biskuitboden

8 Eier trennen, Eiweiß mit der Prise Salz steif schlagen. Eigelb mit dem heißen Wasser schaumig schlagen, dem Eigelb Zucker und Vanillezucker zugeben und mit einer Küchenmaschine mindestens 8 – 10 Minuten weiter schaumig schlagen. Gesiebtes Mehl, Backpulver, den schwach gehäuften EL Kakao und den EL Nesquick unterheben. Bei 180 – 200 Grad 45 Minuten backen. Boden abkühlen lassen.

Zubereitung Belag bzw. Füllung

Den abgekühlten Boden 2 x durchschneiden. Jeden Boden mit Kirschwasser tränken, also den ¼ l Kirschwasser auf die drei Böden verteilen. Sahne und den Puderzucker steif schlagen. Die Gelatine in kaltem Wasser 5 Min. einweichen. Danach ausdrücken und in wenig warmem Wasser auflösen und abkühlen lassen. Ein Schuss Kirschwasser dazugeben und in die schon fast fest geschlagene Sahne geben und weiter schlagen. Statt Gelatine kann man auch Sahnesteif oder „San-apart“ verwenden. Jedoch wird bei diesen Produkten die Sahne gerne gelb (bei längerer Aufbewahrung). Mit Gelatine wird es PERFEKT!

Den unteren Boden mit Sahne bestreichen, die Kirschen darauf verteilen und erneut mit Sahne bestreichen. Den zweiten Boden auflegen und diesen Boden nur mit Sahne bestreichen. Den dritten Boden als Deckel auf die Torte legen. Mit Sahne bestreichen. Sahne in den Spritzbeutel füllen und die Torte mit Sahne, Kirschen und Schokoladenraspel verzieren.

Guten Appetit!

Gasthof Adler
Breisacher Straße 20 | 79395 Neuenburg
Tel. +49 76 31/7 21 20
E-Mail: info@adler-neuenburg.de
www.adler-neuenburg.de

Gelungene Kombination von Tradition und Moderne *Winzerkeller Auggener Schäf eG & Winzerkeller Laufener Altenberg eG*

Leidenschaft für Markgräfler Weine

Im Herbst 2011 begann eine neue Ära im qualitätsverwöhnten Markgräflerland. Die Weingenossen der beiden Spitzenlagen Auggener Schäf und Laufener Altenberg reichten sich die Hand und vermarkten ihre Erzeugnisse fortan unter dem Dach des Winzerkellers Auggener Schäf. An der Eigenständigkeit der beiden Einzellagen Schäf und Altenberg wurde nicht gerüttelt. Die spezifischen Anforderungen an die jeweilige Lage werden berücksichtigt und der Ausbau der Weine findet getrennt voneinander in Auggen und Laufen statt. Den Erfolg der Weine verdankt der Winzerkeller in erster Linie der Begeisterung und Leidenschaft der Winzerinnen und Winzer aus Auggen und Laufen für ihren heimischen Weinbau. Im Zusammenspiel mit den Kräften der Natur machen sie sich die jeweiligen Besonderheiten der Rebberge zunutze und schaffen damit die Voraussetzung für unverwechselbare Weine mit Profil und Charakter.

Das Reich des Kellermeisters

Im Keller ist Kellermeister Andreas Philipp mit seinem Team für die Weine verantwortlich. Sobald er das hochwertige Lesegut von seinen Winzern übernimmt, ist sein im In- und Ausland erworbenes Know-how gefragt. Zwar ist und bleibt Wein als Naturprodukt den Gesetzen der Natur in höchstem Maße unterworfen, doch in Auggen und Laufen macht die persönliche Handschrift des Kellermeisters den feinen Unterschied.

Das Kellerteam nutzt die Vorzüge eines besonderen Terrains konsequent, um unverwechselbare Weine zu schaffen. Eine hochmoderne Kellertechnik und der schonende Ausbau der Weine in Edelstahltanks und traditionellen Holzfässern geben den Weinen ihr typisches Profil. Natürlich steht im Markgräflerland ein Klassiker, der Gutedel, im Vordergrund, der gerade unter Kellermeister Philipps Händen besonders aromatisch und feinfruchtig erscheint.

Daneben bestechen die weißen Burgundersorten, wie Grau- und Weißburgunder, mit Frische und zeitloser Eleganz. Seit einigen Jahren machen auch die Rebsorten Sauvignon blanc und Chardonnay von sich reden. Die Rotweine, allen voran der Spätburgunder, sind samtig und vollmundig und geprägt von der Aromatik dunkler Beeren. Der neue, fast mediterran anmutende Regent-Rotwein hat viele Freunde gefunden, die den feurigen, südländischen Rotweintyp bevorzugen.

Messbare Erfolge

Der Erfolg solcher Bemühungen ist messbar. So nimmt der Winzerkeller Auggener Schäf seit Jahren erfolgreich an den Landesweinprämierungen teil und gehört mit seinen Auszeichnungen zur badischen Spitze. Die Weine punkten auch bei internationalen Verkostungen wie „Mundus Vini", dem „Gutedel-Cup" oder dem „Challenge du Vin" in Frankreich. Fachzeitschriften und die namhaften Weinführer Gault Millau und Eichelmann berichten regelmäßig über die ausgezeichneten Weine aus Auggen und Laufen. Ein Erfolg, auf den die Winzer beider Weinlagen zu Recht sehr stolz sind.

WINZERKELLER
Auggener Schäf eG
Laufener ALTENBERG

Die beiden Verkaufsstellen:

Winzerkeller Auggener Schäf eG
Kleinfeldele 1 | 79424 Auggen

Winzerkeller Laufener Altenberg eG
Weinstraße 48 | 79295 Sulzburg-Laufen
Tel. +49 76 31/36 80 0
Fax +49 76 31/36 80 80
E-Mail: info@auggener-wein.de
www.auggener-wein.de

Täglich kostenlose Weindegustation in beiden Häusern.

Das transparente Landerlebnis

Der Bohrerhof in Feldkirch

Dass das Landleben alles andere als kleinteilig-idyllisch sein muss, dass sich Ideale auf dem sicheren Fundament von Fachwissen, Teamorientierung und Verantwortungsbewusstsein auch im großen Stil in bester Qualität leben und entwickeln lassen, das beweist die Familie Bohrer seit vielen Jahren. Kontinuierlich, mit Plan, Verstand, Herz und Hand haben sie in der Gemeinde Feldkirch im Markgräflerland eine Produktion geschaffen, auf deren Grundlage Großes gedeihen kann. Auf den Säulen Regionalität, Ehrlichkeit, Transparenz und Nachhaltigkeit ruht die Philosophie des Patrons Bruno Bohrer, der aus der väterlichen Landwirtschaft einen erfolgreichen Betrieb gemacht hat. Dass Transparenz nicht nur behauptet, sondern umfassend gelebt wird, das lässt sich auf dem Bohrerhof überall nachvollziehen. Der Betrieb baut auf einer Fläche von über 200 Hektar in gesunder Fruchtfolge Gemüse für die Produktpalette „Unsere Heimat" von Edeka Südwest an, bestückt den Landmarkt auf dem Hof mit feldfrischem saisonalem Gemüse von Spargel über Zucchini und Kürbis bis Chicorée und lädt in den Zeiten von Ostern bis Sommerbeginn sowie von September bis Weihnachten zu feinen Menüs und begeisternden Events ein. Das Restaurant bietet im Frühling Variationen vom feldfrischen Spargel, im Herbst ergänzen sich Kürbis, Feldsalat und Chicorée zu schmackhaften Kreationen, für Familienfeste, Firmenanlässe und Weihnachtsfeiern arbeiten die Fachleute in Küche und Service individuelle Menüvorschläge aus.

Das harmonische Miteinander von Produktion, Vertrieb, Landmarkt und Restaurant ist einzigartig und ausbaufähig. In Spitzenzeiten sorgen bis zu 250 Mitarbeiter auf den

Feldern, in der Produktionshalle, im Büro, Verkauf und Restaurant für einen reibungslosen Ablauf des Unternehmens. Mittags gibt es eine frisch gekochte Mahlzeit für alle Mitarbeiter. Der Zusammenhalt im Team ist den Bohrers ein besonderes Anliegen: „Unser Team soll sich voll und ganz mit unseren Werten identifizieren: Echt. Ehrlich. Herzlich.“, bekräftigt Petra Bohrer.

Ein begehrtes Ausflugsziel

In den vergangenen Jahren hat sich der Bohrerhof zu einem begehrten Ausflugsziel entwickelt: Familien und Freunde verbringen ihre freie Zeit auf dem Gelände, schauen in der gläsernen Produktion hinter die Kulissen moderner Landwirtschaft, kosten den hauseigenen feinwürzigen „Wurzel-Treiber“ an der Hofbar, genießen köstliche Torten- und Kuchenkreationen aus der hofeigenen Konditorei, schlemmen sich im Restaurant satt, bewundern die kunstvoll arrangierten Kürbisse, nehmen ein Stück vom kulinarischen Glück aus dem Landmarkt mit nach Hause. Dieser bietet eine große Auswahl ausgewählter Delikatessen bester regionaler Qualität und stellt auch Gutscheine als geschmackvolle Geschenkidee aus, die sowohl im Restaurant als auch im Landmarkt eingelöst werden können.

Bruno Bohrer ist ein ebenso unkonventioneller wie visionärer Unternehmer: Seine Ideen sprudeln, seine Kreativität ist unerschöpflich. Täglich könne er neue Projekte auf den Weg bringen, bestätigt Ehefrau Petra. Dabei ist das Paar angenehm bodenständig. „Das Produkt ist der Star." So einfach und einleuchtend lautet die Philosophie einer erfolgreichen Landwirtschaft im 21. Jahrhundert. Das Ehepaar Bohrer arbeitet unermüdlich daran, den Betrieb zu einer besonderen Institution zu machen: Das geplante Hotel soll das Bohrerhof LandLive-Resort zu einer einzigartigen Oase für genüssliches Entspannen und Erholen machen.

Rendite mit Genuss

Mit dem Konzept „LandLive" verbinden die Bohrers die fünf Standbeine Landwirtschaft, Vermarktung, Gastronomie, Hotel und regenerative Energiegewinnung zu einer stillen Beteiligung für Investoren, die sich mit der Philosophie der Familie Bohrer identifizieren können. Das „Bohrerhof-Nachrangdarlehen" dient dem Bohrerhof zur Finanzierung weiterer Projekte und erlaubt bei einer Mindesteinlage von 5.000 Euro eine attraktive Rendite. Dieses „Genussguthaben" wird jährlich ausbezahlt oder auf der LandLive-Genusskarte gutgeschrieben. Der Betrag kann dann beim Einkauf, beim Dinner, beim Aufenthalt im Hotel oder im Landmarkt eingelöst werden. Dass „ein vertrauensvolles, ehrliches Miteinander solide, neue und nachhaltige Werte schafft", davon profitieren schon über 300 Investoren.

„Natürlich" ist das noch lange nicht alles: Ein weiteres Ziel der Familie Bohrer ist die Deckung des Energiebedarfs über regenerative Energien und die eigenen Energiekreisläufe. Durch den Anbau von Pflanzen, die im Boden den Nährstoffhaushalt ausgleichen, die Bodengesundheit fördern und gleichzeitig energiereiche Biomasse liefern, installiert das Unternehmen ein Glied in der Fruchtfolge mit doppeltem Nutzen. Zukunftsmusik?

Bohrerhof
Bachstraße 6 | 79258 Hartheim-Feldkirch
Tel. +49 76 33/9 23 32-0
E-Mail: info@bohrerhof.de
www.bohrerhof.de

Weine
von
Weingütern
Kalte Getränke
Cola 2,50€
Fanta 2,50€
Mezzo-Mix 3,00€
Apfelschorle 2,50€
Mineralwasser 2,50€
Bier
Kaffee Creme 2,-€
Espresso 3,50€
dopp. Espresso 2,50€
Capuccino 3,00€
Milchkaffee Schale 2,50€
Latte Macchiato 2,00€
Tee
aus unserer
Hofkonditorei

Bohrerhof

Weine mit burgundischer Note: Wo das regionale Terroir erkennbar ist

Weingut Martin Waßmer

Das Markgräflerland wird nicht nur die „Toskana Deutschlands" genannt, auch das Ambiente im neuen Weingut von Martin und Sabine Waßmer im kleinen Weinort Schlatt bei Bad Krozingen wird mediterranen Ansprüchen gerecht. Im großen lichten Entrée ist viel Raum für die Präsentation und Verkostung der edlen Tropfen aus den Rebanlagen des Weinguts, welche auf insgesamt 30 Hektar in den umliegenden Winzerdörfern Dottingen (Castellberg), Laufen (Altenberg), Auggen (Letten), Ehrenstetten (Ölberg), Staufen (Schlossberg) und Schlatt (Maltesergarten) gedeihen. Davon sind acht Hektar Steillagen.

Fünf Meter in die Tiefe führt der Weg in den Weinkeller und die Raritätenschatzkammer, in der hauptsächlich Weine in Großflaschen lagern. Auch werden hier die Weine in

Edelstahlfässern, Eichenholz-Cuves oder in Barrique-Fässern ausgebaut. Die Trauben werden von Hand behutsam und zum optimalen Lesezeitpunkt in kleine Kisten gelesen. Die großen Weine werden spontan in offenen Holzbottichen maischevergoren und anschließend in kleinen Barrique-Fässern ausgebaut und ungefiltert auf die Flasche gezogen. Im Obergeschoss gibt es ein Turmzimmer mit einer großen Panoramaterrasse, von der aus ein Großteil der eigenen Rebanlagen sowie die Vogesen, der Kaiserstuhl und der Tuniberg zu sehen sind.

„Die Weinberge sind das Entscheidende", sagt Martin Waßmer und weist damit auf das für ihn einzig gültige Qualitätskriterium hin. Denn: „Was in der Traube nicht drin ist, kann man nicht hineinblasen." Diese Sicht der Dinge erfordert akribische und sorgfältige Pflege, Geduld und – letztendlich entscheidend – Kenner- und Leidenschaft. Seit fast 20 Jahren betreibt die Familie Waßmer Weinbau. Der gelernte Koch Martin Waßmer ist dabei stets seinem Instinkt und seiner Wissbegier gefolgt. Das Praktikum im Burgund hat ihn geprägt und zum Anbau von Burgundern im eigenen regionalen Stil geführt: „Ich will ausdrucksstarke, kräftige Weine machen, die aber stets eine filigrane Eleganz und Fruchtigkeit ausweisen müssen. Es kommt auf die Harmonie an", bestätigt der Hausherr, der sehr auf umweltschonende und naturnahe Arbeit achtet. Das Lesegut wird in drei Qualitätsstufen von den Gutsweinen über die Selektionsweine „SW" (Selektion Waßmer) bis hin zu den „GC"-Weinen (Grand Cru) ausgebaut. Die nationale und internationale Kundschaft liebt Waßmers vielfach ausgezeichnete Weine.

Weingut Martin Waßmer
Am Sportplatz 3 | 79189 Bad Krozingen-Schlatt
Tel.: +49 76 33/152 92
info@weingut-wassmer.com
www.weingut-wassmer.de

Generation Pinot e.V.

Junge Experten geben dem badischen Wein ein neues Gesicht

Es ist etwas Seltsames um die Tradition: Wer sie hat, mag sie nicht mehr loslassen und wer sie weiterentwickelt (und damit verändert), um sie bewahren zu können, wird misstrauisch beäugt. Dass sich Tradition und Zukunft zu aller Nutzen verbinden lässt, das beweist „Generation Pinot“ seit 2012. Ein Think Tank, ein Ort für neue Ideen und Austausch, ein Nest der Inspiration und Netzwerk für gemeinsame Konzepte: „Generation Pinot“ hat sich aus einer losen Gruppierung von jungen begeisterten Winzern und Winzerinnen unter der Schirmherrschaft des Badischen Weinbauverbands zu einem stetig wachsenden Verein etabliert.

Die Idee hat sich durchgesetzt: Über 50 junge Menschen, die in der Produktion, im Vertrieb und Marketing für die badischen Burgunderweine – international: Pinot – tätig sind, haben sich hier gefunden und nutzen ihr Potenzial für eine gemeinsame Plattform. „Wir haben uns zusammengeschlossen, um Visionen zu entwickeln“, betont der Vorsitzende Michael Zimmer. Erklärtes Ziel: „Baden als innovatives, qualitätsorientiertes und verantwortungsbewusstes Anbaugebiet für Genießer zu positionieren.“ Als immenser Vorteil erweist sich die Weltläufigkeit der Mitglieder, die ihre Zukunft selbst in die Hand nehmen und gestalten wollen. Mit dem Begriff „Pinot“ für die in Baden heimischen Burgunderweine bringen die Mitglieder ihren Willen zum Ausdruck, die badischen Weine bekannter zu machen, über den eigenen Tellerrand hinauszublicken und die Weine auch international zu platzieren.

Die vorherigen Einzelkämpfer haben verstanden, dass das gemeinsame Eintreten für ein Thema alle stärker macht. Immer häufiger werden die Protagonisten der „Generation Pinot" zu Veranstaltungen eingeladen, gestalten eine jährliche Jungweinprobe in Freiburg und sind gern gesehene und viel beachtete Gäste bei Fachmessen – auch über Baden-Württemberg hinaus. So etwas bleibt nicht unbemerkt: Die Deutsche Landwirtschafts-Gesellschaft (DLG) zeichnete die ambitionierten Newcomer als „Jungwinzervereinigung des Jahres 2015/2016" aus.

Bei den zweimal jährlich stattfindenden Treffen der Mitglieder werden Workshops, Vorträge und Weinproben organisiert, der Austausch gepflegt und gemeinsame Aktionen geplant. Mitglied der „Generation Pinot" können Weinfachleute aus dem Weinbaugebiet Baden bis zum Alter von 39 Jahren werden.

Generation Pinot e.V.
Im Bergfeld 6 | 79189 Bad Krozingen
Tel. +49 160/8 42 13 15
E-Mail: info@generation-pinot.de
www.generation-pinot.de
www.facebook.com/GenerationPinot/

Links: Vorsitzender Michael Zimmer

Jung, frisch, provokativ

Bio-Weine vom Weingut Scherer

Dass neue Wege nur die bewährten ergänzen und keine Bedrohung, sondern eine Bereicherung der Tradition darstellen, das beweisen Felix Scherer und Michael Zimmer auf dem Weingut Scherer in Bad Krozingen. Hier ist Felix – „frei und doch behütet" – aufgewachsen und Micha hat bei der Familie seines Freundes eine zweite Heimat gefunden, nachdem er aus Berlin wieder nach Südbaden kam. Aufgeschlossen und experimentierfreudig sind die Freunde schon von jeher. Noch dazu mit einer fundierten Winzerausbildung als Basis und viel Leidenschaft im Gepäck. Schon seit Lehrzeiten kennen sich die beiden, haben sich angefreundet und teilen einen Leitsatz: „Nimm alles ernst, außer dich selbst." So erweitern sie den traditionellen Weinbau um eine moderne, frische Variante, die bewusst jung und provokativ daherkommt. „Wir machen. was uns selbst gefällt und schmeckt", betonen die Winzer.

Eine glückliche Fügung ermöglichte es, einige Hektar der elterlichen Reben im nahegelegenen Kirchhofen für das eigene Projekt „Bio-Weingut" abzuzweigen. Drei Jahre hat es gedauert, bis aus dem konventionellen Anbau ein echter Ecovin-Betrieb geworden ist, seit dem Jahrgang 2015 tragen die Weine ganz offiziell das Bio-Siegel. „Wir müssen uns wandeln und wollen mit der Natur schaffen", lautet das

Credo der Jungwinzer, für die ökologische Verträglichkeit selbstverständlich ist. Aus sorgfältig selektierten Trauben entstehen individuelle, filigrane und natürliche Weine. Durch die nachhaltige Entwicklung im Weinberg und möglichst geringe Eingriffe in den Kellerprozess wird der Wein so naturnah wie möglich in die Flasche gebracht. Die Flaschenetiketten vereinen mit badischem Greif und Berliner Bär die beiden Lebenswelten der dynamischen Hauptstadt und der gelassenen südbadischen Weinkultur.

Wer neugierig geworden ist und Weißburgunder, Grauburgunder und Spätburgunder, den Secco oder Gutedel gerne selbst vor Ort probieren möchte, der kann sich ganz unkompliziert melden: „Per Telefon oder E-Mail lässt sich der Wunschtermin schnell vereinbaren und dann treffen wir uns einfach auf ein Gläschen Wein", laden die Jungwinzer ein.

„Es gibt nichts Besseres, als dein eigenes Produkt in den Händen zu halten", freuen sich die „ziemlich besten Kumpels". Nicht von ungefähr ist Michael Zimmer auch Erster Vorsitzender der „Generation Pinot", die in diesem Buch eine wichtige Rolle spielt. Man darf gespannt sein …

Weingut Scherer
Im Bergfeld 6 | 79189 Bad Krozingen
Tel. +49 174/2 41 17 21 (Felix) & +49 160/8 42 13 15 (Micha)
E-Mail: info@weingut-scherer.de
www.weingut-scherer.de
www.facebook.com/weingut.scherer

Restaurant
Zum Bären
Restaurant
Zum
Bären
Einfahrt
P
Bärengarten
30
30

Gastgeber mit Herz und Verstand

Restaurant zum Bären

Der Rücken schmiegt sich gemütlich in die Wärme des großen Kachelofens, die Hand greift nach dem Pinot noir „Biergarten" vom Schlossgut Ebringen, die Nase bereitet den Magen auf den kulinarischen Höhepunkt des Tages vor: geschmorte Ochsenbäckle in Rotweinsoße mit Kartoffel-Gnocchi und Salat. Urbegriff südbadischer Gastlichkeit und ein Traditionsgericht im Restaurant zum Bären. Das historische Gasthaus vor den Toren Freiburgs kann auf eine 400-jährige wechselvolle Geschichte zurückblicken, in der es nicht nur als gastliche Stätte mit Kegelbahn, sondern auch als Station für die Postkutschen fungierte, in der Reisende eine Pause einlegten und auch die Pferde neu beschlagen wurden.
Das Wappentier stammt noch aus der Zeit, in der Norsingen zum Kloster St. Gallen gehörte. Heute nimmt man in der sparsam dekorierten Gemütlichkeit der drei Stuben oder auf der Sonnenterrasse Platz.

Stephan und Sabine Siebler sind Gastgeber aus tiefstem Herzen mit bodenständigem Verstand. Was sie anbieten, davon sind sie selbst auch überzeugt und das schmeckt man. Pommes frites sucht man auf der Speisekarte ebenso vergeblich wie modischen Firlefanz. Im Restaurant zum Bären wird großer Wert auf authentische badische Küche gelegt. Authentisch, aber nicht demagogisch! Die oft gehörten Attribute „frisch, saisonal, regional" erübrigen sich, denn all das ist hier selbstverständlich. Und noch viel mehr: Warum die traditionell guten Rezepte nicht kombinieren mit besten Zutaten der europäischen Nachbarn? Kotelett vom Iberico-Schwein zum Beispiel wird hier mit Bratkartoffeln serviert und das echte Wiener Schnitzel ist mehr als eine Sünde wert.

Auch im zehnten Jahr ihrer Ägide auf historischem Boden und in Nachfolge der Eltern sind die Sieblers erfolgreich. Die Gäste wissen: Hier erwartet sie immer das, was Wald, Feld und Flur zu bieten haben. Spargel, Pfifferlinge, Morcheln, Steinpilze, Wild, Fisch und Schmorgerichte sind begehrte Klassiker. Die regelmäßigen Weinmenüs locken Gourmets von nah und fern. In den Fischwochen zum Ausklang des Winters im Februar zaubert Stephan Siebler mit Spezialitäten wie Pulpo und Steinbeißer – und hat schon manches Vorurteil entkräften können. Ein Besuch in der Küche ist jederzeit möglich und willkommen. „Ich geh' zum Stephan in die Küche", ist hier ein Standardsatz, den auch die kleinen Gäste schon beherrschen.

Restaurant zum Bären
Bundesstraße 30 | 79238 Norsingen
Tel. +49 76 33/31 39
E-Mail: baeren-norsingen@t-online.de
www.baeren-norsingen.de

Der mit dem Wolf

Die Winzergenossenschaft Wolfenweiler

Der prominente Standort am Ortseingang Wolfenweiler ist bereits der erste Hingucker: Seit die Winzergenossenschaft den Wolf bewusst als Marke platziert hat, schaut einen das starke Tier aus klugen hellen Augen an. So prägt es sich ein und setzt Anker, wenn man im Supermarkt oder Fachhandel nach einem Markenprodukt aus der seit dem Jahr 716 Weinbau treibenden Gemeinde sucht. Seit 1939 ist die Winzergenossenschaft Wolfenweiler eine feste Größe in der Weinlandschaft vor den südlichen Toren Freiburgs. Heute bewirtschaften 350 Winzerbetriebe 290 Hektar in den Lagen Batzenberg und Dürrenberg sowie Freiburger Steinler. Die Verschmelzung mit der Winzergenossenschaft Freiburg-St. Georgen und die Kooperation mit der WG Pfaffenweiler haben in den vergangenen Jahren zu einem weiteren Ausbau der Spitzenlagen geführt.

Eine Winzergenossenschaft im 21. Jahrhundert muss sich vielen Herausforderungen stellen. Geschäftsführer Ernst Nickel und sein junges Team haben den Strukturwandel längst erkannt und entsprechend gehandelt: Die Verbindung von Tourismus und Weinwirtschaft ist ihnen ein besonderes

Anliegen: Mit kreativen Events hat sich die Winzergemeinde einen Namen gemacht. Das Wein- und Sektfestival „Der Wolf tanzt“ im Frühsommer ist der Höhepunkt des Wolfenweiler Weinjahres, der Wein-Wandertag im September bringt den Besuchern den Ursprung der beliebten Weine näher und die Wei(h)nNacht am zweiten Adventswochenende im Winzerkeller ist ein fester Termin für alle Weinfreunde, die die hohe Qualität der Produkte in entspannter Atmosphäre genießen wollen.

„Uns gelingt hier eine gute Symbiose zwischen Tradition und Moderne“, betont Nickel. Und man ist überzeugt:

„Unsere Winzer sind sich der Bedeutung der Winzergenossenschaft bewusst.“ Die Nachfrage nach ökologisch angebauten Weinen wächst und auch vegan ausgebaute Weine stoßen auf immer größeres Interesse. Neben den Spezialitäten „Weißer Wolf“ (ein Gutedel der Spitzenklasse, kühle Gärung), „Grauer Wolf“ (Grauburgunder-Selektionswein), „Schwarzer Wolf“ (Spätburgunder Rotwein in Ganzbeerenvergärung), „Lupus Excelsior“ (Rotwein-Cuvée von Spätburgunder, Merlot und Dornfelder) sowie „Alpha-Wolf“ (Premiumrotwein aus über 30 Jahre alten Rebanlagen) ergänzen Spirituosen, Traubenkern-Öl und Rotwein-Essig das Sortiment im großzügigen Show- und Verkaufsraum der Winzergenossenschaft.

Winzergenossenschaft Wolfenweiler eG

Kirchstraße 2 | 79227 Schallstadt-Wolfenweiler

Tel. +49 76 64/4 03 00

E-Mail: kontakt@wg-wolfenweiler.de

www.wg-wolfenweiler.de

Blick über das Markgräflerland

Der richtige Weg

Weingut Fritz Waßmer in Bad Krozingen-Schlatt

Aufmerksam, stets alle Sinne auf Empfang und offen für die Textur eines Lebens mit selbstbestimmtem Inhalt: Neugier und Lernbereitschaft, Instinkt und Qualitätsbewusstsein. Fritz Waßmer ist im besten Sinne eigensinnig und anspruchsvoll. Was er will, das ist ganz einfach: nur das Beste! Dafür sorgen die qualitativ hochwertigen Klone aus dem Burgund in einer Pflanzdichte bis zu 12.000 Stock pro Hektar auf Löss-, Lehm-, Mergel- und Muschelkalk im nördlichen Breisgau und Markgräflerland, fachkundiger Ausbau und sachkundige Pflege, perfekte Lese und professioneller Ausbau im Holzfass und Edelstahltank. Bis zu 14 Monate lagert der legendäre Spätburgunder im Barrique-Fass. Nur ganz gesunde Trauben werden von Hand geerntet und behutsam in kleine Kisten gelegt. „Wer im Weinberg so akribisch arbeitet, braucht den Keller kaum noch", bestätigt der Genussenthusiast, den

manche auch als Tausendsassa bezeichnen. 1998 hatte sich der ehemalige Genossenschaftswinzer nach ausgedehnt wissbegierigen Reisen zu Weinspezialisten rund um den Globus auf die in der Familientradition begründeten Wurzeln besonnen und den Weinbau in eigener Regie hinzugefügt. Eine ebenso konsequente wie gute Entscheidung mit mittlerweile 32 Hektar Reben in unterschiedlichen Lagen und jährlicher Steigerung in allen Bereichen. „Wer bei mir etwas kauft, kann sich auf das Produkt verlassen", sagt Waßmer. „Das Produkt", das sind elegant-konzentrierte Spätburgunder, die sich aromatisch an den Gaumen schmiegen; Weiß- und Grauburgunder „tanzen auf der Zunge", Syrah, Cabernet Franc, Sauvignon Blanc und Viognier begeistern Kenner wie Entdecker gleichermaßen und der Winzersekt im Champagnerverfahren ist eine perlende Offenbarung.

Innerhalb weniger Jahre ist Fritz Waßmer zum leuchtenden Fixstern am badischen Weinhimmel aufgestiegen. Seine Weine gehören zu den höchstdekorierten in Deutschland und werden international gehandelt. 2013 erkannte der Schlemmer-Atlas in Schlatt das „Weingut des Jahres 2013", im Jahr 2015 wurde der „Rote Riese" von der Fachzeitschrift „Vinum" für „besondere Leistungen im Rotweinbereich" ausgezeichnet. Fritz Waßmer teilt seine Leidenschaft ebenso gerne wie vergnügt mit seinen Besuchern: „Es macht Spaß, anderen die Facetten des Weins zu erklären, ihnen die Sensorik und den Geschmack bewusst zu machen."

Eine große Fangemeinde findet sich regelmäßig zu Weinproben in idyllischem Ambiente ein und erkundet gemeinsam mit dem Patron und seiner Familie das Wesen wahrer und reiner Größe im Glas.

Fritz Waßmer
Lazariterstraße 2 | 79189 Bad Krozingen-Schlatt
Tel. +49 76 33/39 65
Fax +49 76 33/44 58
E-Mail: mail@weingutfritzwassmer.de
www.weingutfritzwassmer.de

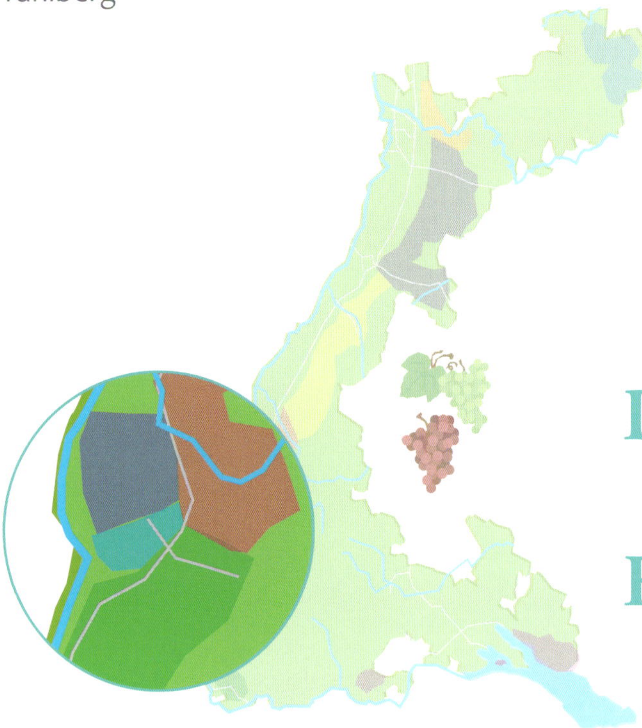

Der Tuniberg – Blühender Weingarten Freiburgs

Der Tuniberg ist mit rund 1.050 Hektar Rebfläche das kleinste der neun badischen Weinanbaugebiete. Er ist eine Kalkstein-Erhebung und ragt als Bergrücken aus der Rheinebene hervor, ist ca. 10 Kilometer lang in Nord-Süd-Richtung und 3 Kilometer breit in Ost-West-Ausdehnung. Er ist komplett auf seiner ganzen Fläche mit Weinbergen überzogen. Der Tuniberg liegt geografisch betrachtet im Breisgau zwischen Schwarzwald und Rhein. Die bekanntesten Gemeinden sind Merdingen, Gottenheim und die Freiburger Stadtteile Waltershofen, Opfingen, Tiengen und Munzingen sowie die zu Breisach zählenden Stadtteile Oberrimsingen und Niederrimsingen.

Tuniberg-Landschaft

Blühende Obstbäume im Frühling am Tuniberg

Der Tuniberg ist mit ca. 100 Metern Höhe eher ein kleines Hügelgebiet vor den Toren Freiburgs und wird auch als ein „Blühender Weingarten Freiburgs“ bezeichnet.

Historiker nehmen an, dass die Römer den Weinbau zum Tuniberg brachten. Erste Aufzeichnungen stammen aus dem Jahre 888 n. Chr. Auch viele Sagen, Mythen und Märchen drehen sich um die Geschichte des Tunibergs. Einer Sage zufolge soll der Hunnenkönig Attila hier beerdigt sein und die Weinlage „Attilafelsen“, der eigentlich kein Felsen, sondern eine Lösswand ist, somit nach ihm benannt sein. Kürzlich entdeckte archäologische Funde lassen darauf schließen, dass sich im fünften Jahrhundert nach Christus die Alemannen um Opfingen herum ansiedelten und dass die Region Tuniberg ältestes Siedlungsgebiet des Breisgaus ist.

Der Tuniberg ist nicht wie sein Nachbar der Kaiserstuhl durch Vulkanismus geprägt, sondern er entstand in der erdgeschichtlichen Zeit des Jura, später umhüllt von einer mächtigen Löss-Schicht. Der Boden weist so manche Versteinerung geologischer Vergangenheit auf. Die Rebböden sind aber dadurch auch besonders fruchtbar und nährstoffreiche Basis für ausdrucksvolle Weine der Burgunderfamilie. Auf den Kalksteinböden, die das Wasser lange speichern können, mit den mächtigen Löss- und Lehmschichten wachsen vor allem die Weine der verschiedenen Burgunder-Rebsorten. Terrassen prägen auch im Tuniberg wie im Kaiserstuhl weitestgehend die Landschaft. Sie wurden gegen die mächtigen Regenfälle angebaut, damit der Lehmboden nicht abgetragen wird. Typisch für den Tuniberg sind die eleganten Weiß- und Grauburgunder sowie der aromatische Müller-Thurgau. Auf mehr als der Hälfte der Gesamtanbaufläche wird jedoch der Spätburgunder angebaut.

Landschaftlich gesehen ist der Tuniberg eine idyllische Hügellandschaft mit malerischen Dörfern, zahlreichen Rebhängen und vielen blühenden Rosengärten. Die Region ist beliebt bei Wanderern, die zumeist in einem Tag die

Tuniberg-Landschaft im Herbst

gesamte Gegend erwandern können, ebenso wie bei Radfahrern. Der Tuniberg zählt wie auch der Kaiserstuhl zu den wärmsten und sonnigsten Gebieten Deutschlands. Er wird oft klimatisch von mediterranen Einflüssen geprägt.

Kulinarisch hat der Tuniberg auch seine Highlights mit Sternerestaurants, badischen Gasthäusern und urigen Straußen; im Herbst laden die unzähligen Weinfeste und die örtlichen Hocks zum Verweilen und Verkosten ein.

Seit dem Jahre 1996 ist der Tuniberg ein eigenständiges Weinanbaugebiet. Vorher wurde er vinologisch immer in einem Atemzug mit dem Kaiserstuhl genannt. Im Tuniberg wird neben dem Wein vor allem Spargel und Mais angebaut. Er ist ein wunderschönes kulinarisches Kleinod mit eleganten und ausdrucksstarken Weinen und badischer Herzlichkeit.

Nichts macht mit der Landschaft vertrauter als der Genuss der Weine, die auf ihrer Erde gewachsen und von ihrer Sonne durchleuchtet sind. – *Ernst Jünger*

Komfortabel Logieren im historischen Gemäuer

Hotel Schloss Reinach in Munzingen

Der eine Gast sucht nach Authentizität, Schwarzwälder Lebensart und abgeschiedener Idylle in einem historischen Schloss. Der andere präferiert für seine Tagungsgäste modernstes Equipment, Sterneküche und Erholung im Spa-Center. Im Schloss Reinach in Munzingen finden beide zu ihrem Glück. Das altehrwürdige Schloss von 1604 mit seinen meterdicken Mauern, ausladenden Kachelöfen und Kaminen unter rustikalem Dachgebälk blitzt an geeigneten Stellen eindrucksvoll durch die Fassade, während es dazwischen prachtvoll glitzert und sich stilvoll leben lässt. Als im Jahr 2007 die heutigen Eigentümer Beatrix und René Gessler das Schloss mitsamt all seiner baulichen Elemente übernahmen – von den drei separat geführten Restaurants über das Hotel bis hin zu den vielseitig nutzbaren Räumlichkeiten – war für beide klar: Hier muss einiges geändert und modernisiert werden. Und das tun sie bis heute – mit Erfolg.

Das Vier-Sterne-Hotel verfügt mit seinem gerade fertig gestellten Neubau über 100 Zimmer und Suiten, wovon ein Teil mit eigener Privatsauna ausgestattet ist. Über dem Gourmet-Restaurant glänzt der Stern des Michelin. Die Gäste der italienischen und der badischen Küche erwartet Bodenständiges in gepflegtem Ambiente. Und während der warmen Jahreszeit lässt es sich im großzügigen Innenhof des Schlosses auf der Sonnenterrasse zwischen Kunst und Natur verweilen. Der gesamte Innenhof ist abgeschottet

durch die Mauern des umlaufenden Hauses – ein Alleinstellungsmerkmal, wie René Gessler betont, nach dem man in der Region lange suchen muss.

Zigarrenraucher, Hochzeitsgäste, Seminarteilnehmer, Genussurlauber, Spa- und Beauty-Anwender – sie alle finden in der komplexen Anlage ihre Nische. Dank Night- und Day-Spa-Programm dürfen sich auch Nicht-Hotelgäste im Hause willkommen fühlen – ob in einem der Restaurants, im Innenhof und Garten oder im Massage- und Kosmetikbereich mit neuem 25 Meter Edelstahl-Pool, Sauna, Himalaya-Salz-Grotte und Fitnessstudio. Der Golfplatz liegt nur einen Spaziergang entfernt. Der Tuniberg erhebt sich quasi hinterm Haus und lädt zu Ausflügen ein. Und das ganze Jahr über locken Sonderveranstaltungen wie Open-Air-Konzerte, Käse- oder Weihnachtsmarkt das nahe wie internationale

Publikum in den geräumigen Schlosshof. „Gerade diese Vielschichtigkeit und breite Palette an Gästen und Angeboten ist es, was uns auszeichnet“, schwärmt René Gessler. Er und sein mittlerweile auf rund 110 Mitarbeiter angewachsenes Personal bauen bewusst auf vielen Säulen. So stehen auch bereits die nächsten Zukunftspläne an: Schwiegersohn Johannes Gessler, seit 2014 Hoteldirektor, wird schon bald das Haus übernehmen und am Feldberg ist der Bau der „Black Forest Lodge“ mit 9 modern-alpinen Ferienwohnungen im Luxussegment geplant.

Schloss Reinach

St. Erentrudisstraße 12 | 79112 Freiburg-Munzingen
Tel. +49 76 64/407-0
info@schlossreinach.de
www.schlossreinach.de

LANDMANN
2014
Cuvée
La Tuni
Baden Tuniberg Qualitätswein
TROCKEN
FREIBURG

Wo sich die Natur in Etikett und Flasche wiederfindet *Beim Bioland-Weingut Landmann in Freiburg*

Er ist Landschaftspfleger, Umweltschoner – und doch zuallererst mit ganzer Leidenschaft Weinerzeuger. Was Jürgen Landmann anpackt, macht er der Schöpfung zuliebe. Und davon profitieren wiederum seine einzigartigen Weine und Bioprodukte.

Als der gelernte Kaufmann 1995 mit seinem Bruder den elterlichen Winzerbetrieb übernahm, beschloss er als Erstes, höhere Ansprüche an die Qualität in der Trauben- und Spargelerzeugung im Außenbetrieb und in der Kellertechnik umzusetzen. Der Wechsel zur Direktvermarktung war Grundlage der weiteren Betriebsentwicklung und Geburtsstunde des Weinguts Landmann aus dem elterlichen Betrieb, der bis dahin über die örtliche Winzergenossenschaft vermarktet hatte. Qualität vor Quantität war von Anfang an das Credo, was durch umweltschonenden und mittlerweile biologischen Anbau unterstrichen wird. Seit 2013 führt Jürgen Landmann das Familienunternehmen in alleiniger Verantwortung. Und bis heute setzen er und seine Mitarbeiter konsequent auf kontrolliert ökologische Produktion – von der Bearbeitung und Handlese im Rebberg über die schonende Verarbeitung bis hin zum Ausbau und der Vermarktung.

Nur beste Lagen am sonnenverwöhnten Tuniberg genügen den hohen Ansprüchen des Bio-Winzers. Umtriebig wie er ist, pendelt er stetig zwischen Weinbergen und Ackerflächen, Hofladen, Kellerei und Scheune – überall sind die Kenntnisse und Erfahrung, aber auch die kritisch prüfenden Blicke und das Multitalent des Betriebsinhabers gefragt. Und wenn Jürgen Landmann einmal kurz innehält, klingelt bestimmt das Telefon.

25 Hektar Reben – 80 Prozent davon Burgunder –, zehn Hektar Spargel, dazu sieben Ferienwohnungen, Hofladen und Internet-Shop wollen fleißig bedient werden. Die „Gutsschwalben"-Sonderedition steht in Bio-Fachgeschäften. Gault Millau, der Feinschmecker, Eichelmann und Mondo beehren den Bioland-Partner und Öko-Test-Sieger regelmäßig mit Bestnoten. Der 2012er Pinot Gris wurde von der Landesvertretung zum Jahreswein 2014/15 ausgewählt. Und wenn die Bundeskanzlerin zum Staatsbankett einlädt, dürfen Landmanns Weine bei Tisch nicht fehlen.

Natürlich gelten die strengen Richtlinien in puncto Anbaumethoden, Pflege und Qualität auch für den hauseigenen Traubensaft, den Balsamico-Essig aus dem Barrique, den Spargel und alles aus dem Hause Landmann. Das lässt sich am besten bei einem der zahlreichen, übers Jahr verteilten Events am Hof testen.

Weingut Landmann
Umkircher Straße 29 | 79112 Freiburg-Waltershofen
Tel. +49 76 65/67 56
E-Mail: info@weingut-landmann.de
www.weingut-landmann.de

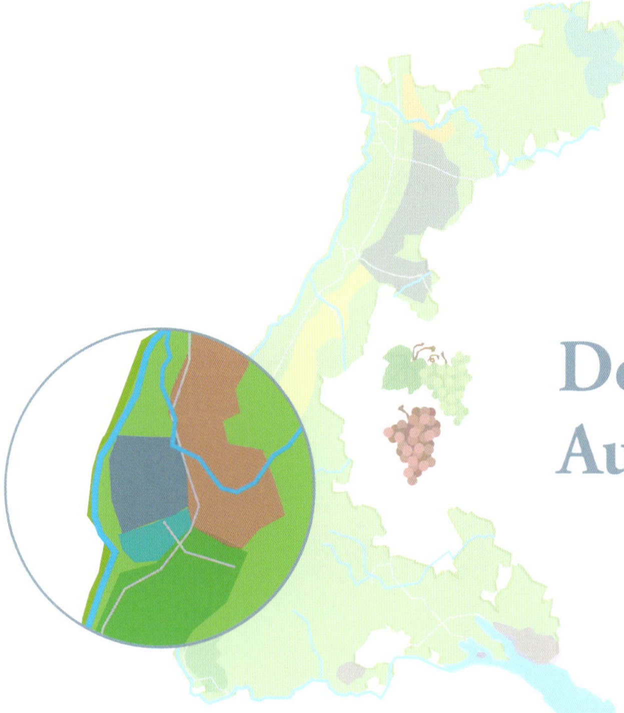

Der Kaiserstuhl – Auf Badens Sonnenterrasse

Der Kaiserstuhl ist mit seinen 16 Kilometern Länge und 12 Kilometern Breite das wärmste und sonnenreichste Rebengebiet Badens und Deutschlands mit nachweislich den meisten Sonnenstunden. Er liegt nordwestlich der Großstadt Freiburg, direkt östlich des Rheins und etwas westlich der Dreisam. Das Mittelgebirge vulkanischen Ursprungs im Regenschatten der Vogesen erhebt sich an den höchsten Stellen mit 377 Metern über den Rhein in den Landkreisen Emmendingen und Breisgau-Hochschwarzwald aus der Oberrheinischen Tiefebene. Der Überlieferung zufolge hat der Kaiserstuhl seinen Namen vermutlich König Otto III. zu verdanken, der 994 zu Gericht bei Sasbach saß. Aus dem damaligen „Königstuhl" wurde nach der Krönung Otto III. zum Kaiser im Jahre 996 der Begriff „Kaiserstuhl". Nachweislich taucht der Begriff „Kaiserstuhl" jedoch erst ab dem Jahre 1304 auf.

Die Entstehung des Kaiserstuhlvulkans geht zurück auf die vulkanischen Aktivitäten im Oberrheingraben, als vor ca. 16 bis 19 Millionen Jahren durch zahlreiche Vulkanausbrüche die Lavaströme die Böden teilweise in mehreren Schichten überlagerten. Während der meist vegetationsfreien Eiszeiten wurde durch die Verwehungen von Rheinschlamm und feinstem Flugsand aus dem Vorland der Alpengletscher eine mächtige Löss-Schicht auf die vulkanischen Böden abgelagert. Die heutigen Lössböden des Kaiserstuhls können Wasser sehr gut speichern, verfügen über einen hohen Nährstoffgehalt, sind gut durch-

Blaue Iris

lüftet und können damit auch Wärme lange konservieren. Somit sind sie leicht zu bearbeiten, werden intensiv agrarisch genutzt und bieten auch anspruchsvollen Rebsorten sehr gute Wachstumsbedingungen und garantieren somit eine reiche Sortenvielfalt.

Der Kaiserstuhl ist mit mehr als 4.200 Hektar Rebfläche das größte und bedeutendste Weinanbaugebiet Badens, dies entspricht fast einem Viertel der gesamten badischen Anbaufläche. Klimatisch gehört der Kaiserstuhl zu den wärmsten Orten Deutschlands mit recht milden Wintern und sehr warmen Sommermonaten. Am westlichen Kaiserstuhl, wo häufig dunkles Vulkangestein noch an der Oberfläche liegt, werden in heißen Sommertagen schon mal Spitzenwerte über 50 Grad Celsius gemessen, die dem Spätburgunder dann sein ganz besonderes Feuer und Aroma geben. In der vermutlich wärmsten Ecke des Kaiserstuhls, in Ihringen, fallen im Jahr nur 600 mm/m² Niederschlag.

Weinterrassen Blankenhornsberg

Kunstwerk Kaiserstuhl

Historiker nehmen an, dass der Weinanbau im Kaiserstuhl schon während der Römerzeit betrieben wurde. Die ersten Aufzeichnungen finden sich vom Jahre 769 in Bötzingen.

Aufgrund der Bodenbearbeitung durch den Menschen, der seit jeher auf den fruchtbaren Lössböden nicht nur Weinbau, sondern auch Obst- und Ackerbau betrieb, wurde die Löss-Schicht zunehmend erosionsanfälliger. Die Menschen lösten das Problem, indem sie in den Fünfziger-Jahren begannen, frühzeitig kleinterrassige Hänge in den Lösshängen anzulegen, die sie mit tiefen Hohlwegen durchzogen. Es entstanden in den darauffolgenden Jahrzehnten die für den Kaiserstuhl heute typischen Terrassen, die das Landschaftsbild zunehmend veränderten.

Aufgrund der günstigen geologischen Lage im Südwesten, im Regenschatten der Vogesen gelegen und vom klimatischen Einfluss der Burgundischen Pforte begünstigt, herrscht vorwiegend trockenes Klima im Kaiserstuhl.

Die Klimaverhältnisse können jedoch auch extremen Schwankungen während des Jahres unterliegen: so misst man schon bis zu 60 bis 70 Frosttage im Winter und ca. 50 bis 60 Sonnentage im Sommer. Durch diese extremen Schwankungen kommt es zu Temperaturunterschieden während des Jahresverlaufs von ca. 18 bis 20 Grad Celsius.

Das meist warme Klima während der Wachstumsperiode der Reben ist jedoch überaus günstig für eine große

Weinlesen macht nicht betrunkener als Büchertrinken belesener macht. – *Elke Heidenreich*

Wild wachsende Orchidee im Kaiserstuhl

Kuhschellen

Sortenvielfalt an Weinen und lässt die Trauben zur Perfektion heranreifen. Die unterschiedlichen Spitzenweine mit ihren hervorragenden Qualitäten reichen von elegant, spritzig, schlank bis hin zu würzig, aromatisch und explosiv. Die verschiedenen Burgundersorten, der Blaue Spätburgunder und die weißen Burgundersorten Müller-Thurgau und Silvaner dominieren im Kaiserstuhl und nehmen mehr als die Hälfte seiner Anbaufläche ein. Sie zeichnen sich aus durch ihren mineralischen und gehaltvollen Charakter und haben den Kaiserstuhl damit auch berühmt gemacht. Sie gelten als typisch für den Kaiserstuhl. Weiter angebaute Rebsorten bereichern die Weinvielfalt: Riesling, Grauburgunder, Weißer Burgunder, Gewürztraminer. Seit einigen Jahren gibt es auch hervorragende Winzersekte, die sich vielfach aufgrund ihrer sehr guten Qualität mit dem französischen Champagner messen können. Der Weinbau im Kaiserstuhl genießt mit seinen Spitzenqualitäten einen ausgezeichneten Ruf weltweit.

Der Kaiserstuhl als historische Kulturlandschaft ist auch bekannt für seine einzigartige Fülle von Flora und Fauna. Naturfreunde können bei Wanderungen durch die idyllischen Weinberge und die prächtige Landschaft seltene Tier- und Pflanzenarten entdecken, die woanders schon als ausgestorben gelten. Die Orchideenvielfalt mit 30 verschiedenen Sorten ist einzigartig in Europa. Traubenhyazinthen, seltene Kakteen, Küchenschellen und Schwertlilien wachsen zwischen den Rebstöcken. Es nisten hier seltene Vogelarten, und rar gewordene Käfer krabbeln in der Sonne. Bienenfresser und die Smaragdeidechsen vermehren sich hier ebenso wie die sehr seltene Gottesanbeterin, eine Heuschreckenart. Bei einer Entdeckungstour durch den Kaiserstuhl kann man somit nicht nur die charaktervollen Kaiserstühler Weine kennenlernen, sondern auch die seltenen Bewohner und Pflanzen dieser historisch gewachsenen Kulturlandschaft.

Gelebte Gastlichkeit

Bräutigams Weinstube & Hotel

Typische Kaiserstühler Gastfreundschaft ist seit drei Generationen verbunden mit dem Namen Bräutigam. 2010 haben Verena Bräutigam und ihr Mann Mario das traditionsreiche Gasthaus und Hotel in Ortsrandlage zu neuem Leben erweckt. Die beiden ausgebildeten Köche legen Wert auf badische Küche in Kombination mit französischen und italienischen Spezialitäten: „Wir orientieren uns in unserer Speisekarte daran, worauf man Lust hat und was man daheim nicht mehr kocht", sagt die Chefin. Dazu gehören Innereien ebenso wie geschmorte Spezialitäten vom Kalb und Rind, die – komplett zu Unrecht – aus der Mode gekommen sind.

Serviert werden die qualitativ hochwertigen Speisen regionalen Ursprungs à la carte in der mit Gemälden aus dem Familienkreis stimmungsvoll dekorierten Winklerberg- und Fohrenberg-Stube, in der Bauernstube findet sich zusätzlich eine rustikale Vesperkarte. Wer spezielle Unverträglichkeiten oder Wünsche hat, erhält ein auf seine Bedürfnisse abgestimmtes individuelles Angebot. Die sieben Gänge des Feinschmecker-Menüs sind nach der neunjährigen Liesel benannt, der vierjährige Franz wartet noch auf seine Chance. Die Weinkarte schöpft aus den Schätzen der Region.

Die spezielle Familien-Konstellation der Bräutigams erlaubt den direkten Draht ins Elsass: Schwester Birgit Drouan führt in Sainte-Marie-aux-Mines das „Auberge Restaurant Les Bagenelles“. Willkommener Anlass für viele Gäste, sich mit einer festen Adresse im Gepäck aufzumachen, die Elsässer Gastfreundschaft zu entdecken. Zuvor hat ihnen Verena Bräutigam mit badisch-elsässischen Kombinationen gehörig den Mund wässrig gemacht: Badisches Schäufele mit Elsässer Rahmsauerkraut und hausgemachtem Kartoffelpüree – „das ist schlotzig“, schwärmt die Kennerin. Und auch ohne Kenntnisse dieses alemannischen Ausdrucks weiß man sofort, was gemeint ist.

Das Hotel Bräutigam verfügt über 21 Betten in Einzel- und Doppelzimmern, die mit Frühstück, Halbpension und Zimmerservice gebucht werden können. Ein solides Preis-Leistungs-Verhältnis sorgt für die Auslastung mit Business-Gästen unter der Woche und erholungssuchenden Kaiserstuhl-Besuchern im Kurzurlaub, Fahrradfahrern und

Bikern am Wochenende und in Ferienzeiten. Das Natur- und Weinparadies Kaiserstuhl lädt zu vielfältigen Erlebnissen in der Natur, Höfen und Kellern ein.

Bräutigams Weinstube
Bahnhofstraße 1 | 79241 Ihringen
Tel. +49 76 68/9 03 50
E-Mail: info@braeutigam-hotel.de
www.braeutigam-hotel.de

Klein, aber fein

Weingut Sonnenhof

Das Weingut Sonnenhof macht seinem Namen alle Ehre: In sonniger Lage mit Blick auf die Weinberge am Ortsausgang von Ihringen am Kaiserstuhl lädt der Hof zum Erholen und Genießen ein. Der Betrieb steht für eine gewachsene Weinkultur in der wärmsten Gegend Deutschlands, der Hof ist ein Ort, an dem man sich einfach wohlfühlt. Die Familie beschäftigt sich schon seit langer Zeit mit dem naturnahen An- und Ausbau erstklassiger Weine in den Spitzenlagen Ihringer Fohrenberg, Winklerberg und Merdinger Bühl. Als der Weinküfer Michael Mattmüller 1989 das Weingut gründete, machte er seinen Beruf zur Leidenschaft. Er baut seine Weine mit Sorgfalt und Herzblut in umweltschonendster Weise und im Einklang mit der Natur aus. Sonnenhof-Weine haben viel Zeit zum Reifen. Hier verbinden sich Tradition, moderne Verarbeitungstechnik und gewissenhafte Weinbergarbeit zu höchster Qualität. „Klein, aber fein", lautet daher die Devise von Michael Mattmüller: „Bei uns wird

noch jeder Rebstock und jede Traube das ganze Jahr über von meiner Familie und mir von Hand bearbeitet und gepflegt. Auch Aristoteles sagte schon: Freude an der Arbeit lässt das Werk trefflich geraten." Michael Mattmüllers Frau Sabine – ehemalige Weinprinzessin, die ebenfalls aus einer Winzerfamilie stammt – überzeugt mit Natürlichkeit und Sachkunde. Ihr oberstes Ziel ist die Zufriedenheit ihrer Kunden. Auch die Eltern von Michael Mattmüller arbeiten täglich mit, die Kinder Jessica und Maik wachsen in den Betrieb hinein und genießen den engen Zusammenhalt der Familie, die Arbeit und Leben aufs Beste vereint.

Dass Sonnenhof-Weine gut ankommen, zeigen die zahlreichen Auszeichnungen und Preise, die das Weingut jedes Jahr aufs Neue erzielt. Über 70 Prozent der Weinberge sind mit Reben der Burgunderfamilie bestockt. Die Grauburgunder werden ausschließlich trocken ausgebaut, um der Entfaltung ihrer Mineralität freien Raum zu lassen. Die Spätburgunder Rotweine werden mit langen Standzeiten auf der Maische vergoren und alle Weine für mindestens ein Jahr in große Holzfässer und teilweise auch Barrique-Fässer gelegt. Die Kunden von nah und fern lieben „ihren" Sonnenhof; sie werden herzlich empfangen, können ausgiebige Weinproben in erholsamer Atmosphäre zwischen Palmen und Oleander genießen und dabei dem Alltag entfliehen. In der Gastronomie und im Fachhandel – auch außerhalb von Deutschland – sind die Sonnenhof-Weine eine geschätzte Größe.

Weingut Sonnenhof
Sonnenhof 1 | 79241 Ihringen
Tel.: +49 76 68/58 01
E-Mail: info@sonnenhofwein.de
www.sonnenhofwein.de

Die schmackhafte Landpause

Landhof Rothaus – Café, Bäckerei, Biomarkt

Wenn zwei sich finden, sich mit Leidenschaft, Lust und Laune ins Leben werfen, dann kann daraus nicht nur eine Familie werden, sondern auch eine Profession mit Wachstumspotenzial. Sylvia und Frank Hinterseh sind solche zwei: Auf dem Gelände eines historischen Gutshofs aus dem 15. Jahrhundert vor den Toren von Breisach haben die beiden in zwei Gebäudeteilen ein genießerisches Schatzkästchen etabliert. Kernstück war und ist der historische Holzofen, in den die beiden Brotenthusiasten sich 1998 verliebten, ihre Försterkarrieren an den Nagel hängten und einfach loslegten.

Langsam und stetig haben sie sich in den Folgejahren vorgetastet, haben probiert und verworfen, die ideale Mischung und Teigführung gefunden und 2005 komplett

auf Biozutaten umgestellt: In der Bioland-Bäckerei werden neben dem knusprigen Holzofenbrot auch zahlreiche Dinkelprodukte und Raritäten wie das Emmerbrot produziert. Zwischen Müllheim und Denzlingen und in einer Vielzahl von Bioläden in Freiburg erfreuen sich Bioladen-Kunden an den ehrlichen und charaktervollen Backwaren.

Selbstverständlich beginnt die Direktvermarktung direkt hier vor Ort, im Biomarkt. Auf 270 barrierefreien Quadratmetern beweisen die Hintersehs im ansprechenden Ambiente der denkmalgeschützten Marktscheune, dass ein Bio-Vollsortimenter alles bietet, was sich guter Geschmack wünschen kann: Produkte regionaler Wertschöpfung werden ergänzt durch ein umfangreiches Sortiment an Bioprodukten bekannter Marken. Die Frischetheke ist bestückt mit Wurst- und Käsespezialitäten aus der Region, das Bioland-Damwild aus eigener Haltung ist im Herbst und Winter ein begehrter Sonntagsbraten.

Das anschließende Café lädt seit Oktober 2015 zu einer Erholung nach dem Einkauf, zum Frühstück oder Nachmittagsplausch auf jeweils 50 Plätzen im Innenraum und auf der Terrasse ein. Die offene Atmosphäre atmet warme Helligkeit, das Holz duftet, süße und herzhafte Leckereien, darunter eine wunderbare Schwarzwälder Kirschtorte vom eigenen Konditormeister, locken in großer Auswahl. Kaffeespezialitäten aus fairem Handel, zubereitet in der Barista-Siebträgermaschine, werden ergänzt durch Erfrischungsgetränke.

Die Kunden fühlen sich wohl – nicht zuletzt, weil sie hier als Individuen wahr- und angenommen werden: „Wir sind immer präsent und freuen uns über jede Anregung", bestätigt Sylvia Hinterseh. Der Erfolg gibt dem Ehepaar und seinen heute 25 Mitarbeitern recht: Was man selbst liebt, das lebt man auch. Eine authentische Haltung, die überzeugt.

Landhof Rothaus
Biomarkt Rothaus GmbH
Landhof Rothaus 3 | 79206 Breisach a. Rhein
Frank und Sylvia Hinterseh
Tel. +49 76 67/9129 66
E-Mail: info@rothaus-breisach.de
www.rothaus-breisach.de

„Das eigene Produkt ist Gold wert“

Bäckerei-Konditorei Michelbach

Dieses würzige Aroma in der Nase, der intensive Geschmack am Gaumen, dieses lustvolle Knacken und Knuspern, dieser fast vergessene Genuss … Keine Frage: Das „Wurzelbrötchen“ verdient seinen Namen! Was der Begriff „vollmundig“ meint, das versteht man plötzlich auf Anhieb …

Was geht über ehrliche traditionelle Handwerkskunst? Noch dazu, wenn es um Lebensmittel geht – und das im Wortsinn: Die Qualität unseres Grundnahrungsmittels Brot hängt von Faktoren ab, die nur im perfekten Zusammenspiel ihre ganze Fülle entwickeln können. Die Bäckerei-Konditorei Michelbach ist ein Paradebeispiel für bestes Handwerk in der Fortentwicklung bewährter Traditionen. „Das eigene Produkt ist Gold wert. Wir backen nach herkömmlicher Art“, bestätigt Bäcker- und Konditormeister Jürgen Michelbach, der zusammen mit seiner Frau Marita seit 1982 für den unverfälschten Brotgenuss steht. Das Ladengeschäft in Breisachs Mitte ist Anlaufstelle für alle, die das Echte, Wahre, Gute schätzen und sich nicht mit modischen Trends à la Eiweiß-Abend-Brötchen aufhalten möchten. Selbstverständlich gibt es verschiedene Brotsorten – doch es gilt die Devise: „Man soll sich nicht verzetteln.“ Die reinen Zutaten – Weizenvollkorn-, Roggen-

und Dinkelmehl, Sonnenblumenkerne und Leinsamen – werden ergänzt durch ausgewogene Gewürze und Kräuter. Zubereitet und gebacken werden die Brote, Brötchen, Brezeln und Dauerbackwaren ausschließlich in der eigenen Backstube. Eine sorgfältige Teigführung mit Natursauerteig und langen Ruhephasen ist dabei das A und O. Ihre lockere Porung bei gleichzeitigem Biss verdanken diese keineswegs „exotischen" – aber ironischerweise umso selteneren – Spezialitäten einer 20-stündigen Teigruhe. In dieser Reifezeit kann sich das spezielle Aroma des Backwerks, sein verführerischer Geruch und Geschmack entfalten.

Eine besondere Attraktion des Hauses sind die diversen Knäckebrote und – im kleineren Format – Kräcker mit unterschiedlichen Gewürzen und Kräutern. Intensiver und gesunder Genuss ohne fettige Chips-Reue in viererlei Geschmacksrichtungen. Nicht nur die Stammkunden sind begeistert von der handwerklichen Produktion. Auch Touristen und Besucher der heimischen Gastronomie profitieren von der Qualität Michelbachscher Backwaren. Wer einmal hier war, der kommt wieder – oder ordert das knackige Erlebnis für Zuhause im Online-Shop. Eine Geschmackserinnerung an den Kaiserstuhl in ganz Deutschland …

Bäckerei-Konditorei Michelbach
Gutgesellentorplatz 10 | 79296 Breisach
Tel. +49 76 67/69 39
E-Mail: info@michelbach-shop.de
www.baeckerei-michelbach.de

Tradition und Innovation

Winzergenossenschaft Bötzingen

An den südöstlichen Ausläufern des Kaiserstuhls schmiegt sich die älteste Weinbaugemeinde Badens an die Rebhänge: Bereits 768 n. Chr. wurde Bötzingen erstmals urkundlich erwähnt und widmet sich auch heute noch mit ungebrochener Leidenschaft der Tradition. Und der Innovation! „Tradition und Innovation" ist das Leitmotiv der genossenschaftlich organisierten Gemeinschaft. Seit 1935 steht die Winzergenossenschaft Bötzingen für erstklassige Weinqualität in allen Segmenten der heimischen Sorten. 450 Mitglieder bewirtschaften 340 Hektar Rebfläche für die drittgrößte Winzergenossenschaft am Kaiserstuhl mit 10 Millionen Litern Lagerkapazität. Die Erfahrung und Fachkompetenz der Önologen garantieren gleichbleibend hochwertige Ergebnisse, eine straffe Struktur sorgt für die klare Linie in Sortiment und Präsentation.

Der Sortenspiegel umfasst alle badischen Spezialitäten und weist den Spätburgunder mit 37 Prozent als Hauptsorte aus, es folgen

Müller-Thurgau mit 23 Prozent, auf den weiteren Plätzen Grauer und Weißer Burgunder. Im Aufwind sind Sauvignon blanc, Chardonnay, Gewürztraminer, Scheurebe, Muskateller, Riesling und Regent sowie Silvaner. Seit 1993 fährt die Winzergenossenschaft national und international eine konsequent auf den Ortsnamen fokussierte Markenstrategie. „Bötzinger Wein" ist national und international erfolgreich: Beim Wettbewerb „Les Grands Concours du Monde" wurde die 2013er Weißer Burgunder Trockenbeerenauslese im Barrique-Ausbau mit der besten Wertung und dem großen Preis der Jury ausgezeichnet, bei der „Premium Select Wine Challenge" der Düsseldorfer Messe „ProWein" erhielt dieser Wein 2015 mit fünf Sternen, Gold Top Level, die höchsten Weihen. Die Produktlinie „Kiebitz" begeistert alle, die Linie „Edition" spricht den Kenner an. Eine klare Farbpalette kennzeichnet die jeweiligen Sorten quer durch das gesamte Sortiment.

Die Winzergenossenschaft Bötzingen beliefert den Fach- und Lebensmittelhandel ebenso wie die Gastronomie. Weinliebhaber von nah und fern sind immer wieder gerne zu Gast bei Weinproben und Veranstaltungen in den großzügigen, hellen und mit sicherem Blick für das Wesentliche stilvoll-puristisch gestalteten Ausstellungs-, Beratungs- und Empfangsräumen. Auch für dieses Aushängeschild der Winzergenossenschaft zeichnet Hanspeter Johner verantwortlich. Seit 1988 leitet er mit Umsicht und Tatkraft die von jeher selbstständige Genossenschaft und ist seinen 25 Mitarbeitern ein kompetenter Chef.

Winzergenossenschaft Bötzingen am Kaiserstuhl eG
Hauptstraße 13 | 79268 Bötzingen
Tel. +49 76 63/9 30 60
E-Mail: info@wg-boetzingen.de
www.wg-boetzingen.de

Charakterstark und individuell
Weingut Daniel Landerer

In der Weintradition der Großeltern in Oberbergen aufgewachsen, hat Daniel Landerer seine kindliche Begeisterung für die Arbeit im Weinberg in einer Ausbildung zum Winzer und Weinküfer verfeinert. So gelingt es ihm, die eigene Handschrift voranzutreiben. Mit Unterstützung der Familie und des Freundeskreises ist ihm 2013 der Sprung zum Weingut gelungen. Die „Gutsweine“ aus der Pinot-Familie, Rosé und Sauvignon Blanc werden ergänzt durch die „Selektions-Lagenweine“ auf ausgesuchten typischen Oberbergener Lagen. „Ich lasse den Wein für sich sprechen“, sagt Landerer selbstbewusst. Die charakterstarken Weine entsprechen den klimatischen Bedingungen und lassen das große Vorbild aus dem Burgund erkennen. Die von der Kommunikationsdesignerin Regina Schwarzwälder entworfenen Etiketten repräsentieren die Handschrift des Winzers: Was zählt, ist der Inhalt. Alles laute Drumherum ist Daniel Landerer zuwider: Wein sei keine Ware, sondern ein Ergebnis der engen Zusammenarbeit zwischen Mensch und Natur im steten Bewusstsein für Qualität im Weinberg – und das jedes Jahr aufs Neue. Die Zugehörigkeit zum Zusammenschluss junger Winzer in der „Generation Pinot“ mit ständigem Austausch unter Kollegen ist ein weiterer Schritt zur Identifikation mit den heimischen Schätzen. Mehr lesen Sie auf Seite 70.

Weingut Daniel Landerer
Furtmatten 18 | 79235 Vogtsburg-Oberbergen
Tel. +49 172-7 61 54
Info@Daniellanderer.de
www.daniellanderer.de

Ehrliches Kulturgut
Weinstube Mondhalde

Ein gutes badisches Vesper mit regionalen Zutaten und dem passenden Wein ist ein ehrliches Kulturgut, das zunehmend wiederentdeckt, gepflegt und weiterentwickelt wird. In der Tradition der Großeltern und mit steter Unterstützung der Familie haben Katharina Luibrand und ihr Mann Simon die Weinstube Mondhalde am Ortseingang von Oberbergen im Dezember 2012 zu neuem Leben erweckt. In der hellen Gaststube und auf der großen Terrasse mit Blick auf den Badberg treffen sich Einheimische, Wanderer und Touristen zum gemeinsamen Genuss. Klassiker aus regionalen Bezügen wie Schnitzel vom Kaiserstühler Landschwein, Cordon Bleu, Rumpsteak, Wurstsalat mit Brägele und Bibeleskäs werden ergänzt von Saisonangeboten und Spezialitäten wie dem „Mondhaldeteller“, auf dem bestes Kalbshackfleisch mit saisonalen Füllungen verschmilzt. Die Getränkekarte setzt auf die guten Tropfen der Heimat – natürlich auch auf die Weine vom Weingut des Bruders Daniel Landerer. Hausgemachte Kuchen machen den Kaffeeklatsch zum unterhaltsamen Ereignis für Jung und Alt, Gesellschaften sind gern gesehen. Die Weinstube ist rollstuhlfreundlich ausgestattet. Auf die „kleinen Gäste“ wartet eine Spielecke zum Entdecken.

Weinstube Mondhalde
Furtmatten 18 | 79235 Vogtsburg-Oberbergen
Tel. +49 76 62/9 49 90 02
E-Mail: katharina.luibrand@gmx.de
https://m.facebook.com/WeinstubeMondhalde

Sonnenuntergang bei Oberrotweil im Kaiserstuhl

Adler

Fritz Keller – Fußballverrückter Winzer

Der gebürtige Freiburger Fritz Keller ist erfolgreicher Winzer, Gastronom, Hotelier und Weinhändler und darüber hinaus auch noch Präsident und Vorstandsvorsitzender des Bundesligisten SC Freiburg.

Fritz Keller ist offen und direkt, lacht gern, schafft und genießt – und macht keinen Hehl aus seinen beiden Leidenschaften dem Wein und dem Fußball. Offenbar haben beide etwas gemeinsam: Es gibt gute und mal nicht so gute Jahre. Deshalb seien beim Fußball und beim Wein Geduld und Kontinuität wichtig, weiß Fritz Keller. Oftmals wird er denn auch als fußballverrückter Winzer sicherlich treffend beschrieben. Als Macher mit Ideen und Visionen ist er weit über die badischen Grenzen geschätzt.
Fritz Keller wuchs als Sohn von Franz Keller senior in einer Winzer- und Gastronomenfamilie in Oberbergen im Kaiserstuhl auf. Er führt nunmehr in der dritten Generation das Unternehmen Franz Keller Schwarzer Adler. Mit der Fertigstellung des neuen Weinguts in 2013 hat sich Fritz Keller einen Lebenstraum erfüllt. Vater Franz Keller war der König der trockenen, durchgegorenen Weine in Deutschland, und nicht minder visionär und meinungsstark ist sein Sohn Fritz. Fritz Keller bevorzugt Weine, die echt sind und pure Lebensfreude vermitteln. Diese Grundphilosophie prägt seit vielen Jahren das „Weinmachen“ der Kellers, wenngleich dies nicht immer dem „Mainstream“ entspricht.

Das Unternehmen Franz Keller Schwarzer Adler ist aber mehr als „nur“ ein Weingut. Das Hotel und Sternerestaurant Schwarzer Adler – seit dem Jahre 2005 Mitglied der Small Luxury Hotels of the World sowie das seit 1969 ohne Unterbrechung mit einem Michelin-Stern ausgezeichnete Restaurant – sind Stammhaus und Wurzel der Kellers. Dazu kommt das „Winzerhaus Rebstock“, eine typisch badische Gastwirtschaft, sowie im neuen Weingut die KellerWirtschaft mit ihrer ganz besonderen Atmosphäre. Darüber hinaus prägt der Handel mit exklusiven Weinen vor allem aus Bordeaux und dem Burgund seit vielen Jahren das Unternehmen.

Qualität und Individualität, Genuss und emotionales Erleben, Echtheit und Authentizität, Tradition und Modernität sind für Fritz Keller nicht nur Schlagwörter, sondern Anspruch und Freude zugleich.

In seiner Funktion als Präsident des SC Freiburg steht für Fritz Keller ein Projekt an oberster Stelle: ein neues, zukunftsfähiges Stadion in und für Freiburg und die Region. 2019 soll das erste Spiel dort stattfinden. Heute zählt der SC Freiburg zu den sympathischsten Fußballvereinen Deutschlands. Gleichzeitig entwickelte er sich zu einem prosperierenden Mittelständler, der mit Glaubwürdigkeit, langfristigem Denken und Handeln und Seriosität seinen Weg in einem beständig härter werdenden Wettbewerb kontinuierlich verfolgt. Getragen von diesen Prinzipien ist der SC Freiburg mittlerweile fester Bestandteil im Alltag und emotionaler Fixpunkt im Leben sehr vieler Menschen in Südbaden und stiftet so Identität. Fußball verbindet, Fußball integriert und Fußball begeistert. Dafür steht der fußballverrückte Winzer Fritz Keller!

Das neue Weingut

Von der Natur für die Natur

„Wir leben von und für die Natur" – ein Grundsatz, der seit jeher nicht nur für die Weine des Weinguts Franz Keller gilt, sondern der auch das neue Weingut treffend beschreibt. 2006 fiel die Entscheidung für den Neubau. Das „alte" Weingut mit seinen hergebrachten und charmant eigenwilligen Strukturen, das vielen Weinfreunden ans Herz gewachsen war, ließ keine weiteren Innovationen auf hohem önologischem Niveau mehr zu.

„Wir haben das Weingut in den Löss versenkt." So bringt Architekt Michael Geis (geis & brantner freie architekten bda, Freiburg) die Konzeption auf den Punkt. Die Verschmelzung von Gebäude und Natur bei optimaler Nutzung der Gravitation für die Weinbereitung waren wichtige Grundlagen des Entwurfs zum Neubau des Weinguts. Im Einklang mit den Terrassen des Kaiserstuhls verbindet sich das Gebäude mit der Landschaft. Durch das Konzept der drei Ebenen, welche gegeneinander versetzt sind, scheint das Gebäude fast mit der Umgebung zu verschmelzen und greift so gleichzeitig die für den Kaiserstuhl typische und prägende Terrassenlandschaft auf. Der harmonische Übergang von Natur und Gebäude besticht durch seine Selbstverständlichkeit. Sämtliche Dachflächen sind mit einem Wiesensaatgut vom Badberg begrünt, welches eigens aus dem Naturschutzgebiet gewonnen wurde. So eingepasst in die einzigartige Kulturlandschaft bietet das Weingut interessante Einblicke in die Produktionsabläufe und gleichzeitig einen einzigartigen Panoramablick von der Terrasse des Weingutrestaurants KellerWirtschaft – das ist Kaiserstuhl zum Anfassen. Mit dem Eingraben des Gebäudes in die Erde entsteht das Energiekonzept von selbst. Die konstante Temperatur im Erdreich sorgt für optimale Bedingungen bei der Entwicklung und Lagerung des Weines. Die natürliche Isolation des Bodens garantiert ein energiebewusstes und nachhaltiges Konzept. Begünstigt wird dies auch durch die nach Norden ausgerichtete Lage des Grundstücks. So unterstützen die technischen Einrichtungen lediglich die natürlichen Gegebenheiten.

Schwarzer Adler

Tradition trifft Moderne

Im Restaurant Schwarzer Adler wird die Kunst des Kochens von der Pike auf beherrscht. Abgerundet durch vollendeten Service, persönliche Weinberatung und von Herzen kommende Gastlichkeit. Seit 1969 führt das Haus einen Michelin-Stern – vor allem dank der geschmackvollen Kombinationen aus badischer und französischer Küche sowie der ausgezeichneten Weinkarte mit 2.700 Positionen. Auch das elegante und stilvolle Ambiente lässt keine Wünsche offen. Der Anspruch des Hauses ist, allen Gästen Qualität und Service auf höchstem Niveau zu bieten. Schon seit Generationen bemühen sich die Kellers, diese Philosophie in allen Details sichtbar und spürbar zu machen, damit die Zeit im Schwarzen Adler als unvergessliches Erlebnis in Erinnerung behalten wird.

Im Hotel Schwarzer Adler erleben Gäste ländlichen Komfort auf ganz besondere Art und Weise. Das Haus zählt seit 2006 zum renommierten Hotelverbund „Small Luxury Hotels of the World" und das vor allem, weil alle Zimmer Tradition und zeitgemäße Eleganz verbinden. Liebevoll und sehr persönlich bis ins kleinste Detail gepflegt vereint das Hotel wohltuende Behaglichkeit und zuvorkommende Freundlichkeit.

Öffnungszeiten: Freitag 18.30 – 24 Uhr
Samstag – Dienstag 12.00 – 15.00 und 18.30 – 24.00 Uhr
Warme Küche bis 14.00 / 21.00 Uhr

KellerWirtschaft

Restaurant im Weingut

Mit dem neuen Weingut wurde auch das dritte Restaurant der „Kellers" eröffnet: In der KellerWirtschaft haben Sie neben dem Blick ins Kelterhaus auch eine fantastische Sicht auf die typische Kaiserstühler Terrassenlandschaft mit den Lagen Bassgeige, Pulverbuck, dem Schelinger Kirchberg und den Parzellen Steinriese und Kähner sowie dem Naturschutzgebiet Badberg.
Mit Kreativität, Leidenschaft und einer individuellen Note macht das Team der KellerWirtschaft aus jedem Gericht ein Erlebnis. Kombiniert mit handwerklichem Können auf höchstem Niveau, entstehen kleine kulinarische Kunstwerke. Immer raffiniert, harmonisch und geschmackvoll.

Öffnungszeiten: Mittwoch – Freitag 17.00 – 23.00 Uhr
Samstag und Sonntag 13.00 – 23.00 Uhr
Warme Küche bis 21.30 Uhr

Adler

Winzerhaus Rebstock

Mit regionalem Charme

Bodenständig und ambitioniert, badisch und elsässisch, so lässt sich die Küche im Winzerhaus Rebstock wohl am besten beschreiben. Hier wird „wie aus Omas Küche“ regionale Tradition und Identität im besten Sinne gelebt: mit Produkten und Gerichten aus der Region, ideenreich und einzigartig interpretiert. Im getäfelten Gastraum an blanken Holztischen oder im verwinkelten Innenhof des 200 Jahre alten Wirtshauses wird Kulinarisches mit Kaiserstühler Charme serviert.

Öffnungszeiten: Mittwoch – Sonntag 12.00 – 24.00 Uhr
durchgehend warme Küche bis 21.30 Uhr

FRANZ KELLER

Franz Keller Schwarzer Adler

Inhaber Fritz Keller
Weine – Restaurant – Hotel
Badbergstraße 23 | 79235 Vogtsburg-Oberbergen
Tel. +49 76 62/93 30-0
E-Mail: keller@franz-keller.de
www.franz-keller.de

Der eigene Weg

Weine mit Seele und Individualität im Arndt Köbelin Weingut

Über Eichstetten, am östlichen Fuße der Weinberge, liegt das Arndt Köbelin Weingut. Eine Architektur mit Signalcharakter: So kann es auch gehen! Materialien aus der umgebenden Natur: Stein, Glas, Löss, Eichenholz, Stahl. Sichtachsen verbinden den Rohstoff Rebe mit ihrer Verarbeitung und Verkostung. Form und Funktion in bester Allianz, Raum und Luft für das Wesentliche: Weine mit Seele und Individualität. Grau-, Weiß- und Spätburgunder baut der gelernte Winzer und Kellermeister in Einsteigerqualität als „Gutsweine" und in der Spitze als Drei-Sterne-„Selektionsweine" aus. Rivaner und Riesling, Scheurebe, Gewürztraminer und Muskateller gedeihen ebenfalls am Eichstetter Osthang. Hinzu kommen der Winzersekt „Pinot Brut" und sortenreine Tresterbrände aus der hauseigenen Brennerei. Der Entschluss ein eigenes Weingut zu gründen, ging im Jahr 2005 einher mit Arndt Köbelins Visionen, die sich in der räumlichen Enge des elterlichen Gutshofs in der Ortsmitte nicht realisieren ließen.

Die „Frühstücksseite" des Kaiserstuhls hat alles, was sich Winzer und Weinkenner

nur wünschen können: genügend Sonne am Morgen und Vormittag, um die Frucht in all ihren Aromen auszureifen, aber auch die kühle Brise des Abends, die die Frische der Traube im Wein erhält. Und einen Boden, der das vulkanische Gestein mit dem Löss der letzten Eiszeit zu einer kalk- und mineralstoffhaltigen Melange verbindet. Natürlichkeit ist Trumpf und Freiheit ist ein hohes Gut im Hause Köbelin. Von Jugend an erforscht Arndt Köbelin das Wesen des Weines, hat sich auf langen Reisen in der Welt umgeschaut, wie es andere machen, und daraus seine eigene Philosophie entwickelt: Weniger ist mehr. Gerade und ehrlich, transparent und nachhaltig – darum geht es. Jeder Jahrgang solle, dürfe, müsse anders schmecken, doch müsse die spezielle Zusammensetzung des Bodens und die Handschrift des Winzers durchgängig erkennbar sein, bestätigt Köbelin.

Begehrt sind die ausführlichen Weinproben, bei denen neben der Verkostung im Weingut auch eine Traktorrundfahrt in die Reben, die Besichtigung des Edelstahl- und Holzfasskellers und der 360-Grad-Panoramablick vom Gutsdach möglich ist. Wer anschließend in einem regionalen Gasthaus einkehren möchte, hat den perfekten Ausklang gewählt.

Als „hervorragendes Weingut" hat der renommierte „Eichelmann" im Jahr 2016 das Arndt Köbelin Weingut mit vier Sternen ausgezeichnet und vom „Gault & Millau Weinguide Deutschland 2016" wird es mit drei Trauben empfohlen.

Arndt Köbelin Weingut
Altweg 131 | 79356 Eichstetten a. K.
Tel. +49 76 63/14 14
E-Mail: info@weingut-koebelin.de
www.weingut-koebelin.de

Bodenständig kompetent

Gasthof und Weinhotel Neun Linden

Seit 1993 ist der Gasthof Neun Linden in Oberrotweil im Besitz der Familie Kißler, 1998 kam das Gästehaus hinzu. Seit 2002 ist die nächste Generation am Start: Sohn Oliver Kißler – ein Koch mit Leib und Seele – und seine Frau Sabrina leiten den Betrieb im Herzen des Weinlands Kaiserstuhl gemeinsam und können auf der bekannten und beliebten Tradition als Begegnungsstätte von Einheimischen und Touristen aufbauen. Zusammen mit neun Mitarbeitern bieten die Gastgeber gutbürgerliche badische Küche mit bodenständigen saisonalen Gerichten. Im großzügigen Gastraum mit dem historischen Kachelofen aus der alten „Linde“ stehen den Besuchern 60 Plätze zur Verfügung, im Kaminzimmer finden 60 Gäste Platz, weitere 40 genießen die warme Jahreszeit auf der Terrasse. Übernachtungsgäste finden im

nebenan liegenden Gästehaus zehn Doppelzimmer vor, die auch einzeln belegt werden können. Mit Bad, Dusche, WC, TV und W-LAN entspricht die Ausstattung einem guten Standard.

Nicht umsonst trägt der Gasthof Neun Linden das Prädikat „Weinhotel“ des Verbands „Naturgarten Kaiserstuhl“: Den heimischen Weinen ist eine beeindruckend umfangreiche Karte gewidmet. Nahezu 30 Weine im offenen Ausschank und 40 Weine aus der Flasche sind hier nicht nur nach Sorten aufgelistet, sondern von Sabrina Kißler auch fachkundig und liebevoll charakterisiert. Neben Weinen vom ortsansässigen Winzerverein Oberrotweil und der Winzergenossenschaft Oberbergen kommen edle Tropfen der Weingüter Landerer in Niederrotweil, Salwey, Bercher-Schmidt und Freiherr von Gleichenstein in Oberrotweil, Franz Keller in Oberbergen, Schätzle in Schelingen sowie Biowein vom Eco-Vin-Weingut Abril in Bischoffingen ins Glas. Als Digestif eignen sich die Destillate und Edelbrände von Fridolin Baumgartner aus Oberbergen.

Doch nicht nur in der eigenen Gaststube mundet die hohe Qualität: Familie Kißler bietet auch Caterings für jeden privaten oder beruflichen Anlass und versorgt die Gäste bei Weinproben und Events mit einem Winzerbuffet, mit Vesper- oder Gourmettellern nach individueller Absprache. Für Busgruppen halten die Kißlers eine kleine Karte für den schnellen und reibungslosen Ablauf bereit, besondere Arrangements sind auf Vorbestellung möglich. So können es sich auch Menschen auf der Durchreise im Herzen des Kaiserstuhls gut gehen lassen. Die Kaiserstühler selbst schätzen „ihren“ Gasthof für Familien- und Vereinsfeiern.

Gasthof und Weinhotel Neun Linden
Inhaber: Oliver Kißler
Hauptstraße 65 | 79235 Vogtsburg-Oberrotweil
Tel. +49 76 62/8 02 02
E-Mail: info@neun-linden.de
www.neun-linden.de

Der Nachtwächter von Burkheim

Wenn der Nachtwächter heute seine Runden durch die Gassen Burkheims dreht, bringt er einen Hauch von Poesie aus längst vergangenen Zeiten in die moderne Welt. Burkheim ist ein Weinstädtchen mit langer Tradition. Im Jahre 762 wurde die Stadt erstmals in einem Dokument erwähnt. Und in der Stadtordnung von 1504 ist zu lesen: „Wer seinen Dienst als Torwächter und Nachtwächter nicht versieht, hat einen Schilling zu zahlen". Nachtwächter war also zunächst kein Beruf, sondern ein Dienst, den die Burkheimer Bürger abwechselnd zu leisten hatten.

In erster Linie ging es damals um die Bewachung der Stadt. Heute ist der Nachtwächter-Rundgang ein Erlebnis für Jung und Alt. Von Ostersonntag bis Ende Oktober dreht der Nachtwächter mittwochs und samstags seine Runden durch die Gassen und Sträßchen Burkheims. Ausgerüstet mit Hellebarde, Laterne und einem Horn, bringt er einen Hauch von Nostalgie in unsere moderne Welt. „Horche, was ich euch sagen will" so beginnt er seinen Ruf am Stadttor, bläst in sein Horn und singt in breitem Alemannisch die Stunden an.

Seit 2015 ist dem Städtchen Burkheim auch ein „Nachtwächter-Krimi" gewidmet, in dem auch auf die Historie Burkheims Bezug genommen wird. Der packende Krimi mit dem Titel „Beim letzten Glockenschlag" führt den Leser neben der aktuellen Spur auch immer wieder spannungsreich in die Geschichte zurück bis hin zu Lazarus von Schwendi.

Burkheimer Winzer eG

Etwa 30 Winzerfamilien bewirtschaften heute die 108 Hektar große Rebfläche der 1924 gegründeten Burkheimer Winzer eG. Die Burkheimer Weinlagen mit Rebterrassen auf tiefgründigen Lössboden und vulkanischem Gestein sind prädestiniert für die Erzeugung hoher Qualitäten; die Steillage Feuerberg gilt als eine der besten Lagen Deutschlands. Bedeutendste Rebsorte ist der Blaue Burgunder. Es folgen Grauer Burgunder, Weißer Burgunder, Silvaner, Gewürztraminer, Scheurebe, Riesling, Muskateller, Chardonnay und Kerner. Erstmals wurde 2005 auch ein Sauvignon Blanc sortenrein abgefüllt. Dem jungen Kellermeister Dominik Schweizer ist es eine Herausforderung, über alle Phasen des Ausbaus hinweg Weine reifen zu lassen, die das typische Bukett der jeweiligen Rebsorte hervorbringen. Dass dies gelingt, belegen die vielen Auszeichnungen, die den Burkheimer Weinen bei Prämierungen auf Landes- und Bundesebene, aber auch international, immer wieder verliehen werden. Wie untrennbar im romantischen Fachwerkstädtchen Burkheim Geschichte und Wein miteinander verbunden sind, untermauern die Burkheimer Winzer mit dem trockenen Rotwein „Burkheimer Nachtwächter". Zu Ehren des großen Lazarus von Schwendi vereinte der Kellermeister ausgewählte Rotweinsorten zu einer Cuvée, die beim internationalen Cuvée-Wettbewerb der Fachzeitschrift „Selection" mit 5 Sternen und „herausragend" beurteilt wurde.

Bei einer Kellerführung oder einer Weinprobe vor Ort lernt man auch die anderen Produkte der Burkheimer Winzer kennen, die edlen Barrique-Weine, die nach dem traditionellen Verfahren im Haus hergestellten Sekte und die Spirituosen aus sonnengereiftem Obst vom Kaiserstuhl.

Weinbau seit 778
Burkheimer Winzer
am Kaiserstuhl eG

Burkheimer Winzer eG
Gert Schmidt
Winzerstraße 8 | 79235 Vogtsburg-Burkheim
Tel. +49 76 62/93 93-0
Fax +49 76 62/93 93-25
E-Mail: info@burkheimerwinzer.de
www.burkheimerwinzer.de

Öffnungszeiten:

Mo.-Fr.	9.00 – 12.00 Uhr	(ganzjährig)
Mo.- Fr.	13.30 – 18.00 Uhr	(April – Okt.)
Mo.- Fr.	13.30 – 17.00 Uhr	(Nov. – März)
Samstag	9.00 – 16.00 Uhr	(ganzjährig)
Sonntag	10.00 – 16.00 Uhr	(März – Dez.)

„Landschaften zum Mitnehmen“

Die Weine der Winzer vom Bahlinger Silberberg

Im Jahr 2011 erhielt die Erste Markgräfler Winzergenossenschaft Schliengen-Müllheim prominenten Zuwachs: Mit einer überwältigenden Mehrheit von über 99 Prozent hatten sich die Kaiserstühler Winzer vom Bahlinger Silberberg entschlossen, der Markgräfler Erzeugergemeinschaft beizutreten. Was vor allem als langfristige Sicherung von Rebflächen und Sortimentsergänzung als Produktionsgrundlage gemeint war, wurde von Beginn an zur attraktiven Bereicherung der Sortenpalette mit den für die Kaiserstühler Vulkanböden typischen Weinsorten Müller-Thurgau, Weiß- und Grauburgunder und Spätburgunder Rotweine. Schon zu Römerzeiten wurde am Kaiserstuhl, dem wärmsten Flecken Deutschlands, Wein angebaut. Das Vulkangestein und die fruchtbaren Lössböden bringen prächtige Weine hervor, kraftvoll und doch filigran, spritzig oder samtig, immer mit einer eleganten Note. Dass das kleine Mittelgebirge in der Oberrheinischen Tiefebene auch ein Naturparadies allererster Güte ist, in dem sich seltene Tier- und Pflanzenarten wohl fühlen, zeigt die Weinlinie „Kaiserstühler Weine vom Silberberg Bahlingen“ schon auf

dem Etikett, das ein farbenprächtiger Vogel, der seltene „Bienenfresser“ ziert. Die Reben des Silberbergs, einer der bekanntesten Lagen am Kaiserstuhl, werden umweltschonend und nachhaltig bewirtschaftet. Die Weine bringen das außergewöhnliche Terroir bestens zum Ausdruck. „Unsere Weine sind Landschaften zum Mitnehmen, ihre Aromen stecken in jeder Flasche“, beschreibt Geschäftsführer Wolfgang Grether die Sorten- und Ausbaupolitik. Der individuelle Ausbau ihrer Weine hat den Winzern vom Kaiserstuhl den Schritt nach Schliengen leicht gemacht. Sie profitieren unter anderem von einem effizienten Vertriebsnetz in Deutschland, Elsass und der Schweiz, ohne ihre Identität zu verlieren. Die Kundenklientel der Erzeugergemeinschaft ist gut strukturiert und zeigt die Wertschätzung der Weine in der Fachwelt: 40 Prozent werden von Privatkunden in den eigenen Verkaufsstellen gekauft, 10 Prozent gehen an die Gastronomie, Fachhandel und Lebensmittel-Einzelhandel (ohne Discounter) sind mit je 25 Prozent vertreten. Mit dem um einen attraktiven Partner erweiterten Sortiment kommt die Erste Markgräfler Winzergenossenschaft Schliengen-Müllheim dem Bedarf des Handels an Kompetenz sowohl in der Tiefe als auch in der Breite des Sortiments entgegen.

Kaiserstühler Winzer vom Silberberg
Kapellenstraße 13
79353 Bahlingen am Kaiserstuhl
Tel. +49 76 63/12 25
E-Mail: info@sonnenstueck.de
www.sonnenstueck.de/de/wir_ueber_uns/winzer_vom_silberberg.php

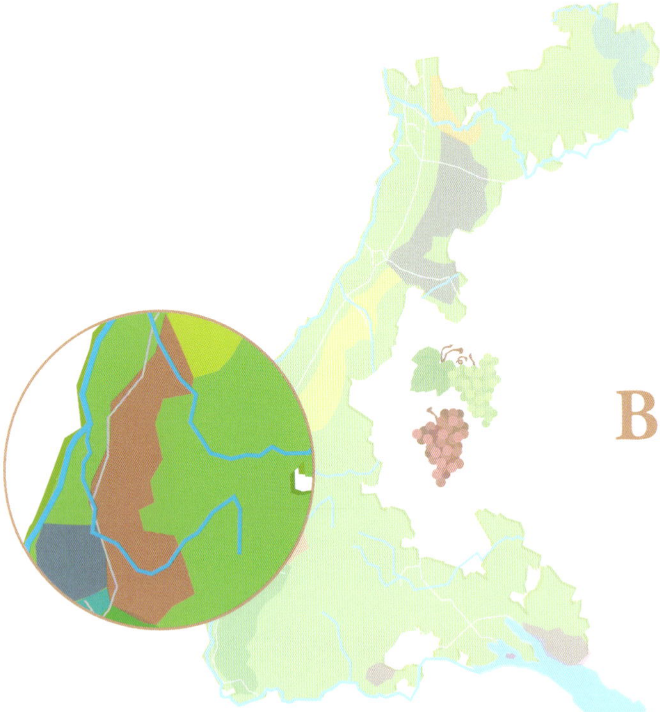

Breisgau – charmante Weinregion entlang des Schwarzwalds

Das Weinanbaugebiet Breisgau zieht sich entlang der Schwarzwaldhänge zwischen Oberschopfheim südlich von Offenburg über Lahr bis nach Freiburg. Mit rund 1.770 Hektar Rebfläche ist der Breisgau Badens viertgrößtes Weinanbaugebiet. Entlang dieser Strecke findet man eine sehr reizvolle Landschaft, geprägt von kleinen Städtchen, malerischen Fachwerkbauten, behäbigen Bürgerhäusern und beschaulichen Dörfchen. Hier herrscht die Schwarzwaldidylle pur. Auch das sonnenverwöhnte und landschaftlich zauberhafte Glottertal zählt mit seinen Rebhängen und den anderen Seitentälern zu diesem Weinanbaugebiet, ebenso wie das Weinstädtchen Lahr. Diese Schwarzwaldregion ist eine der beliebtesten Urlaubs regionen Deutschlands, insbesondere Wanderer, Radfahrer und Naturfreunde lieben dieses sonnenverwöhnte Fleckchen an den idyllischen Hängen der Schwarzwaldvorberge.

Stadtpark Lahr mit Villa Jamm

Das Weinanbaugebiet des Breisgaus ist jedoch nicht zu verwechseln mit der politischen Region Breisgau, die sich geografisch zwischen Staufen im Süden und Herbolzheim im Norden erstreckt. In der Region Breisgau liegen auch die Weinanbaugebiete Kaiserstuhl und Tuniberg,

die jedoch auch als eigenständige Weinanbaugebiete zählen. Das Weinanbaugebiet Breisgau ist jedoch zwischen Freiburg und Oberschopfheim begrenzt.

Die Rebböden der Hang- und Terrassenlagen des Weinanbaugebietes Breisgau entlang der Schwarzwaldvorhügel sind mit mächtigen Löss-Schichten überzogen, so wie auch der benachbarte Kaiserstuhl von Löss geprägt ist. Darunter befinden sich Formationen von Muschelkalk, Buntsandstein und tertiären Mergelböden, im Glottertal auch Gneisablagerungen.

Reichlich Niederschläge und Sonne sorgen im Breisgau für eine Sortenvielfalt unterschiedlicher Rebsorten, wie sie auch sonst nur der Kaiserstuhl zu bieten hat. Der Blaue Spätburgunder ist jedoch die traditionelle Rebsorte des Breisgaus, er ist kraftvoll und bukettreich, wird aber auch fruchtig-frisch als Weißherbst oder Rosé ausgebaut. Auf mehr als der Hälfte der Rebflächen des Breisgaus wachsen in den windgeschützten Mündungen vieler Täler vor allem

Glottertal

Barockstädtchen Ettenheim

die fruchtig-süffigen Müller-Thurgau sowie Weiß- und Grauburgunder. An einzelnen Steillagen wachsen die Reben sogar auf über 500 Meter über dem Meeresspiegel. Die mächtigen, schweren und tiefgründigen Lösslehmböden der Rebböden mit den Unterbau-Formationen bieten den Reben ideale Voraussetzungen dafür und statten die Weine mit viel Kraft und explosiven Aromen aus.

Das Glottertal nimmt innerhalb des Breisgaus eine Sonderstellung ein. Der Glottertaler Spitzenwein „Rote Bur“ ist sehr bekannt und beliebt. Die Reben wachsen an den Steillagen der Südhänge im Glottertal in bis zu 500 Meter Höhe und reifen auf Gneisverwitterungsböden. Niederschläge von bis zu 1.100 mm/m² im Jahr fallen hier auf Gneisverwitterungsböden, im übrigen Breisgau sind es nur 750 bis 950 mm. Aufgrund der vorherrschenden klimatischen Bedingungen sowie der Bodenverhältnisse ist der hier ausgebaute charaktervolle Spätburgunder besonders kraftvoll und zeichnet sich durch ein intensives und feuriges Aroma aus.

Das Glottertal ist jedoch auch touristisch ein sehr begehrtes Ferienziel, bekannt wurde es vor allem durch die beliebte und international verfilmte Fernsehserie „Schwarzwaldklinik“

Freiburg im Frühling

und genießt seither Kultstatus. Wer einmal das reizvolle Glottertal mit seinen schmucken Fachwerkhäusern besucht und die vielen kulinarischen Verlockungen gekostet hat, der wird immer wieder in diese beliebte Urlaubsregion Deutschlands zurückkehren wollen.

Auch das kleine denkmalgeschützte Barockstädtchen Ettenheim im Breisgau lohnt sich zu besuchen. Über Jahrhunderte hinweg war Ettenheim der Amtssitz der Straßburger Fürstbischöfe, die damit das kleine Städtchen prägten. Noch heute sind altes Fachwerk, barocke Kunst und erhabene Architektur Zeitzeugen lebendiger Geschichte und typisch für das kleine Provinzstädtchen im Breisgau. Empfehlenswert ist auch ein Besuch der Abtei- und Wallfahrtskirche St Landelin Ettenheimmünster.

Das traditionelle Freiburger Weinfest Ende Juni und das Breisgauer Weinfest im August in Emmendingen sind die festlichen Höhepunkte der Breisgauer Weinseligkeit.

Johann Wolfgang von Goethe, der 1775 und 1779 das Provinzstädtchen Emmendingen zweimal besuchte, weil dort seine Schwester Cornelia verheiratet und später begraben war, soll beim Anblick dieses idyllischen Landstrichs der Überlieferung zufolge ausgerufen haben: „Glückliches Land, wo der Wein vor der Kulisse des Schwarzwaldes reift!“

Glottertal

Institut für ganzheitliche Ernährungs- und Gesundheitsberatung Gabriele Voigt-Gempp

Wohlfühlen und vital bleiben mit Kreativität & Know-How

In der Kartäuserstraße unweit der Dreisam steht das fliederfarbene Haus mit violetten Fenstern am Fuße des Schlossbergs. Als Gabriele Voigt-Gempp 2009 nach einem geeigneten Standort für ihr Institut suchte, war schnell klar: Dieser Ort ist perfekt. Violette Farbtöne direkt vor grünem Wald – ist es Zufall oder Schicksal, dass die Unternehmensfarben dieser Farbgebung entsprechen?

Hinter den Wänden brutzelt, köchelt und dampft es. Ein scharfes Messer schneidet die frischen Gartenkräuter, die im mediterran anmutenden Garten direkt hinterm Büro gedeihen. Rote, grüne und gelbe Früchte warten darauf, kleingeschnitten zu werden. Denn hier entstehen Genuss-Rezepte für die EDEKA Südwest und weitere Kunden. Seit 1992 entwickelt Gabriele Voigt-Gempp, studierte Betriebswirtin und Ernährungsberaterin für Traditionelle Chinesische Medizin, leidenschaftlich Rezepte mit Mehrwert. Ihr ist es dabei besonders wichtig, dass die Rezepte einfach nachzukochen sind, lecker schmecken und oben-

drein noch alle wichtigen Inhaltsstoffe enthalten, um sich rundum wohlzufühlen und fit zu bleiben. Daher entsprechen alle ihre Rezepte dem von ihr entwickelten Mix-Teller-Schema. Wie das geht? Jedes Gericht besteht zur Hälfte aus Obst und/oder Gemüse und zu einem Viertel aus eiweißreichen Lebensmitteln wie Fleisch, Fisch, Milchprodukten, Eiern oder Nüssen und zu einem Viertel aus kohlenhydratreichen Produkten wie Nudeln, Kartoffeln, Reis oder Brot. „Das ist die optimale Mischung für mehr Wohlbefinden und Lebenskraft und gleichzeitig kinderleicht umsetzbar", so Gabriele Voigt-Gempp.

Warum nicht mit diesen Köstlichkeiten die Grundlage für maßvollen Weingenuss schaffen? Gerne empfiehlt die passionierte Köchin den passenden Wein zu ihrer neuesten Kreation. Aber auch ins Essen kommt der eine oder andere gute Tropfen. So findet sich der Rebensaft etwa in Risotto, Fondue oder Soßen. Auch Chutneys oder ein Buttermilchschaum werden mit Wein veredelt.

Aus der Feder von Gabriele Voigt-Gempp stammt auch das Wohlfühlkonzept, das sie im Auftrag der EDEKA Südwest betreut und aktualisiert. Dabei handelt es sich um ein ganzheitliches Programm für einen gesundheitsfördernden Lebensstil. Seit 2006 wird die Betriebswirtin von einem Team aus Ernährungswissenschaftlern und Kochprofis unterstützt, das mittlerweile auch in der betrieblichen Gesundheitsförderung tätig ist, Koch-Workshops für Betriebe anbietet, Ernährungs- und Stressmanagement-Seminare konzipiert und leitet sowie redaktionelle Beiträge und Newsletter zu Ernährungsthemen beisteuert.

voigtgempp

Institut für ganzheitliche Ernährungs- und Gesundheitsberatung Gabriele Voigt-Gempp

Kartäuserstr. 155 | 79117 Freiburg
Tel.: +49 761/6 00 88 84
E-Mail: info@voigt-gempp.de
www.voigt-gempp.de
www.facebook.com/voigtgempp

Die Wasserakademie e.V.

Wasser ist die Grundlage allen Lebens. Weder Tiere noch Menschen, geschweige denn Pflanzen kämen ohne es aus.

So saugen die Wurzeln der Weinrebe an heißen Tagen genauso gierig das kühle Nass auf, wie wir ein Glas Wasser hinunterstürtzen oder ein Hund den Napf leerschlabbert. Dabei ist Wasser nicht nur Wasser, als Lösungsmittel kann es verschiedene Stoffe mitführen. Mineralstoffe herausgelöst aus dem Gestein sind sehr willkommen, Verunreinigungen anderer Art dagegen unerwünscht. Deutschland bietet mit über 500 verschiedenen Mineralwässern eine herausragende Vielfalt und beschert uns zugleich hochwertiges Trinkwasser direkt aus dem Hahn. Damit das so bleibt, hat sich die Wasserakademie zum Ziel gesetzt, die Reinheit der natürlichen Wasservorkommen zu schützen, die Bevölkerung auf das schutzbedürftige Gut aufmerksam zu machen und aufzuzeigen, wie man schonend mit der Ressource umgehen kann, um es für nachkommende Generationen zu bewahren. Darüber hinaus bietet die Wasserakademie Hilfestellung, wie jedermann das für ihn perfekte Wasser finden und gesundheitlichen Nutzen daraus ziehen kann. Als gemeinnütziger Verein wurde die Wasserakademie von Gabriele Voigt-Gempp vom Institut für ganzheitliche Ernährungs- und Gesundheitsberatung, Michael Wolf und Duschan Gert 2011 ins Leben gerufen.

In Seminaren und Veranstaltungen vermitteln die Mitarbeiter der Wasserakademie, wie wichtig trinken ist. Unsere Körper besteht zu rund 60 Prozent aus Wasser, Verluste gilt es mit täglich 1,5 bis 2 Liter Wasser auszu-

gleichen. Das flüssige Nass ist wesentlicher Bestandteil unseres Blutes und damit Transportmittel für Nährstoffe und Sauerstoff, die von sämtlichen Zellen unseres Körpers gebraucht werden. „Ob es leicht fällt, viel Wasser zu trinken, hängt einerseits vom Kohlensäuregehalt eines Wassers ab, andererseits aber auch von der Mineralisierung“, weiß

Wassersommelière Gabriele Voigt-Gempp. Denn die gelösten Stoffe verleihen dem Wasser eine besondere Geschmacksnote. So kann ein Wasser sauer, leicht süßlich, weich oder sogar trocken schmecken. Bei einer Wasserverkostung lernen die Teilnehmer nicht selten ihr neues Lieblingswasser kennen.

Für Handel, Gastronomie, Hotellerie und alle anderen Interessierten bietet die Wasserakademie eine 9-tägige Ausbildung zum Wassersommelier für ganzheitliche Gesundheit an. Und die Absolventen wissen auch bestens Bescheid, welches Wasser mit welchem Wein harmoniert. So öffnet Kohlensäure etwa die Geschmacksknospen und bereitet auf den Genuss des Weines vor. Je weniger Mineralstoffe im Wasser gelöst sind, desto geringer ist der Einfluss auf den Weingeschmack. „Einem säurearmen, schweren Wein kann Sulfat aber durchaus etwas Säure entlocken“, verraten Duschan Gert und Michael Wolf.

DIE WASSER AKADEMIE
Wir. Wissen. Wasser.

Die Wasserakademie e. V.
Kartäuserstr. 155 | 79117 Freiburg
Tel.: +49 761/6 00 88 84
E-Mail: info@diewasserakademie.de
www.diewasserakademie.de
www.facebook.com/diewasserakademie

Ein Fest der Sinne

Die mobile Sekt- & Kaffee-Bar „Per voi ...!“

Kultivierter Genuss hat nichts zu tun mit To-go-Mentalität. Was Frank Münzenmaier mit seiner mobilen Sekt- & Kaffee-Bar „Per voi ...!“ zelebriert, ist die Besinnung auf die wesensechte Zubereitung hochwertiger Kaffees und deren ursprünglicher Aromen. Für alle, die herzliches Engagement schätzen und es lieben, der Lebensfreude bei frisch zubereiteten Kaffeespezialitäten oder einem Glas Sekt auf genüssliche Weise Ausdruck zu verleihen.

Wie schön, dass immer mehr Menschen Wert auf das Besondere legen: Die Sehnsucht nach unverfälschtem Genuss findet an der ästhetischen Bar – einem historischen Feuerwehr-Anhänger mit edler Holztheke – ihre Erfüllung. Wenn der frisch zubereitete Kaffee aus der fauchenden Siebträgermaschine in der Tasse dampft, leben Körper, Geist und Seele auf. Ein Glas Sekt ist darüber hinaus geeignet, dem Augenblick in geselliger Runde besondere Bedeutung zu verleihen. Das hat der Barista mit internationaler Zertifizierung und Leidenschaft für sein Metier früh erfahren: „Geschmackliche Vielfalt und Genusskultur erlebbar machen“, lautet Frank Münzenmaiers Credo. „Per voi ...!“ ist überregional in- und outdoor im Einsatz und macht jeden Anlass – von der Hochzeit bis zum Business-Event oder Messe – zu einem Fest der Sinne.

Per voi ...! – mobile Sekt- & Kaffee-Bar
Frank Münzenmaier
Helligestraße 6 | 79100 Freiburg

Showroom & Depot-Shop:
Habsburgerstraße 4 | 79104 Freiburg
Tel. +49 761/55 72 94 18
E-Mail: info@pervoi-bar.de
www.pervoi-bar.de

Tradition und Zeitgeist am Freiburger Münster

Hotel Restaurant Weinstube Oberkirch

Eine Weinstube mit mehr als 250 Jahren Geschichte – das können nur wenige Freiburger ihr Eigen nennen. Bereits im Jahr 1738 öffnete die Weinstube am Münsterplatz ihre Pforten. 200 Jahre Wirtshaus-Geschichte folgten, bis 1936 Karl Oberkirch das Anwesen erwarb, ihm seinen heutigen Namen gab und weithin bekannt machte. Mit dem Erwerb und Ausbau des Wikingerpalais in der Schusterstraße, an dessen Pferdestall noch heute die riesigen Tore der Hotelgarage erinnern, sollte bald auch ein Hotel das Ensemble vervollständigen. Seit 1998 führt Doris Hunn die Geschicke des Traditionshauses im Zentrum Freiburgs, durch das heute ein frischer Wind weht.

1992 wurden Hotelzimmer und Küche modernisiert, wobei die Auflagen des Denkmalschutzes und die Bewahrung des historischen Charakters ebenso im Auge behalten wurden wie der Wunsch nach zeitgemäßer Weiterentwicklung. Das Restaurant blieb in seiner Ursprünglichkeit erhalten. Der Spagat gelang und gelingt bis heute, da immer wieder behutsam renoviert und modernisiert wird.

So präsentiert sich gegenwärtig an Freiburgs zentralster Stelle das Haus Oberkirch mit seiner Vielzahl an Räumlichkeiten – vom Restaurant der oberen Mittelklasse nebst Weinstube und großer Außenterrasse über die separaten Gasträume für geschlossene Gesellschaften bis zu den

26 Zimmern und Suiten, zu denen auch eine Ferienwohnung gehört – als lebendiger Treffpunkt der Gastlichkeit und Adresse für gepflegten Austausch.

Dem Flair des Hauses entsprechend, treffen sich hier Generationen von Freiburgern, nationalen und internationalen Stammgästen, Fachschaften und Professoren. Die verwinkelten Flure der oberen Etagen führen – erhellt vom Schein moderner Galerieleuchten – zu den individuell eingerichteten Zimmern, von denen einige mit einer grandiosen Aussicht auf den „schönsten Turm der Menschheit“ gesegnet sind. Das Geschehen auf dem Markt lässt sich von den Gästen ebenso mitverfolgen wie das Leben in den Gassen und Hinterhöfen.

Wie es die verschachtelte Architektur und die Symbiose aus Zeitgeist und Historie beim Inventar vermuten lassen, gestaltet sich auch das lebendige Aufeinandertreffen und Miteinander von Gästen und Mitarbeitern: „Wir bieten unseren Gästen ein Höchstmaß an Service und Gastfreundlichkeit“, so Doris Hunn, „und lassen sie im geschichtsträchtigen Haus den Zeitgeist der Moderne spüren.“

Hotel & Restaurant Oberkirch
Münsterplatz 22
Schusterstraße 11 | 79098 Freiburg im Breisgau
Tel. +49 761/2 02 68 68
E-Mail: info@hotel-oberkirch.de
www.hotel-oberkirch.de

Weinkompetenz in Freiburgs Oberer Altstadt

Das Weinhaus Stellwagen-Büchner

Das Weinhaus Stellwagen-Büchner vereint in Freiburgs Oberer Altstadt alle Kompetenzen, die sich Stammkunden, Passanten und Touristen wünschen: profunden Sachverstand und jahrzehntelange Erfahrung aus Begeisterung im Herzen der Stadt. Mehr als 600 ausgewählte Weine internationaler Herkunft treffen sich mit hochwertigen Schaumweinen, Crémants und Champagnern sowie Spirituosen. Beste Liköre und Edelbrände werden auch direkt in dekorative Flaschen nach Kundengeschmack abgefüllt.

Die Devise des familiengeführten Unternehmens: Nur Produkte zum größten Teil persönlich bekannter Erzeuger bietet das Weinhaus an. Stets persönlich ansprechbar, verbinden Charlotte Stellwagen-Büchner und Michel Büchner regionale Tropfen mit dem Blick über den Tellerrand in Richtung namhafter internationaler Weinregionen. In der oberen Etage des Weinhauses haben die seit über 20 Jahren als Weinfachhändler im Groß- und Fachhandel sowie der mittleren und gehobenen Gastronomie tätigen Inhaber einen atmosphärisch ansprechenden mediterranen Degustationsbereich für Wein-Tastings eingerichtet. Hier kann man sich nach individueller Absprache in den Weiten und Tiefen edler Weine verlieren, Neues entdecken, miteinander fachsimpeln und sich wieder verabreden. Zum Beispiel zu den regelmäßigen Veranstaltungen: Mehrmals jährlich laden die Stellwagen-Büchners dazu ein, einen Winzer und seine Produkte näher kennenzulernen. Bei der Herbstverkostung sind über 100 offene Weine zu entdecken.

Durch die Laden-Partnerschaft im Shop-in-shop-Konzept mit „Oil & Vinegar" ergeben sich für die Kunden inspirierende Synergien: Wer auf der Suche nach edlen Ölen, Essigen und Gewürzen für das besondere Menü fündig geworden ist, lässt sich von den kompetenten Mitarbeitern des Weinhauses Stellwagen-Büchner noch den passenden flüssigen Begleiter empfehlen. Der Transport ist ebenso leicht: Wer seine Schätze nicht tragen kann, der probiert und genießt, kauft entspannt ein und kommt nach dem Stadtbummel mit dem Auto bis vor das Geschäft in idyllischer Lage gefahren, wo die kostbaren Tropfen direkt in den Kofferraum gebracht werden. Bei einem Einkaufswert ab 100 Euro wird die Ware im Umkreis Freiburg auch gerne frei Haus geliefert. Großhandelskunden profitieren von einem ausgeklügelten Konzept, das die ausführliche Beratung sowie schnelle, sortierte und termingerechte Zustellung über das Zentrallager garantiert.

Weinhaus Stellwagen-Büchner
Oberlinden 19 | 79098 Freiburg
Tel. +49 761/89 75 98 52
E-Mail: info@stellwagen-buechner.de
www.stellwagen-buechner.de

Ebbis Guet's!

Strudel's Scheunenlädele begeistert mit Produkten direkt vom Erzeuger

In Strudel's Scheunenlädele werden Qualität, Regionalität und die Liebe zum Handwerk von einer ganzen Familie gelebt. Opa Strudel hatte bereits 17 Jahre lang die Produkte des eigenen Betriebs am Kaiserstuhl an einem kleinen Stand auf dem Scheunenparkplatz in Zarten angeboten. 2007 stieg Tochter Annette in den elterlichen Betrieb ein und verwandelte die alte Philippen-Scheune mit Elan und Sinn für „ebbis Guet's" in einen liebevollen Hofladen.

Heute betritt man ein Kleinod heimischer Lebensart mit einem umfassenden Angebot: frisches Obst und Gemüse aus eigenem Anbau, Backwaren aus dem Steinofen und täglich wechselnde Kuchen und Torten von Oma Strudel, eigener Apfelsaft und hausgemachte Marmeladen, Weine und Landeis vom Kaiserstuhl, Schnaps aus Opas Brennerei und Liköre, wie Oma Strudel sie liebt, sowie wechselnde Spezialitäten aus Küche und Garten überzeugen mit

natürlicher Qualität ohne Zusätze und modischen Firlefanz. Wenn Opa Strudel im Winter den Brennkessel anwirft und seinen Gästen demonstriert, wie seine beliebten hochprozentigen Spezialitäten entstehen, ist der Beifall groß. Das Bauernstüble im hinteren Scheunen-Bereich punktet mit originellem Hausrat und handgemachtem Dekor aus ausgewählten Manufakturen – liebevoll und gemütlich dekoriert, dass man am liebsten gleich alles mit nach Hause nehmen möchte.

Gemeinsam mit ihren freundlichen Mitarbeiterinnen gelingt Annette Strudel ein Kunststück: Die Kunden haben Vertrauen in die Produkte, fühlen sich im Laden heimisch und kommen gerne wieder – viele aus dem nahegelegenen Freiburg, einige sogar mehrmals wöchentlich. Der Einkauf im urigen Scheunenlädele ist zum geliebten Ritual geworden, der Besuch eine wohltuende Pause im alltäglichen Trubel: pure Entschleunigung! Dazu noch ein guter Kaffee, im Sommer gerne auch im Scheunengärtle, und der Tag hat sein Genuss-Highlight. Wer gerade keine Zeit hat, die gute Bohne und andere Leckereien vor Ort zu genießen, der packt alles ein, nimmt's mit „uf de Wäg" und genießt eben später. „Wemma weiß, wo's herkummt, schmeckt's am

beschde!", ist der Leitspruch der Familie Strudel. „Alles, was es hier gibt, essen wir selbst gerne", lacht Annette.

Strudel's Scheunenlädele

Inhaberin: Annette Strudel
Bundesstraße 9 | 79199 Zarten
Tel. +49 76 61/90 93 95
E-Mail: info@strudels-scheunenlaedele.de
www.strudels-scheunenlaedele.de

Zwei dicke Freunde

Bundesweit einzigartig: alles aus einer Hand!

Die Metzgerei Reichenbach

Alles aus einer Hand ist bei der Metzgerei Reichenbach kein Marketing-Spruch, sondern ein alltäglich gelebtes Konzept. Dies ist in den letzten 50 Jahren gewachsen und hat sich immer weiter entwickelt. Es beinhaltet Aufzucht, Schlachtung und Verarbeitung im eigenen Betrieb sowie Direktverkauf ausschließlich in den eigenen Verkaufsstellen des Unternehmens.

„Geht es dem Tier gut, geht es uns gut", ist Ulrich Reichenbachs Devise.

Reichenbach hat seine eigene Schweineaufzucht in einem Betrieb in Buggingen im Markgräfler Land. Die Schweine werden ausschließlich mit genfreiem Getreide und Mais gefüttert, es kommen weder Antibiotika noch Wachstumsförderer bei der Fütterung zum Einsatz.

Der eigene Landwirtschaftsbetrieb besteht aus mehreren Mutterkuhherden im Glottertal und Umgebung. Der gesamte Rinderbestand umfasst mehr als 800 Tiere. Die Rinder wachsen das erste Jahr bei ihrer Mutter auf der Weide auf, trinken Milch und lernen nebenbei das Fressen. Anschließend werden sie ein weiteres Jahr mit Getreide, Heu und Mais gefüttert, bis ihr Schlachtgewicht erreicht ist. Auch hier ist das Futter komplett genfrei, auf Wachstumsförderer und Antibiotika wird völlig verzichtet.

Schlachtung und Verarbeitung

Geschlachtet wird im eigenen Betrieb im Glottertal. Die kurzen Wege sind aktiver Tierschutz und schonen die Ressourcen. Es wird geschlachtet, zerlegt und weiterverarbeitet unter einem Dach im modernen Glottertäler Betrieb. Dabei finden alle Schritte unter Beachtung sämtlicher Hygiene- und Umweltrichtlinien statt.
„Wir verarbeiten ausschließlich Fleisch aus eigener Schlachtung. Es werden keinerlei Fleisch- und Wurstwaren zugekauft. Die alten überlieferten Rezepte für die Gewürzmischungen bestehen ausschließlich aus Naturgewürzen. Das schmeckt man! Die kompletten Gewürze sind allergenfrei“, bestätigt der erfolgreiche Metzgermeister.
Wichtige Beiträge zum Umweltschutz sind die moderne FCKW-freie Kälteanlage sowie die große Wärmerückgewinnungsanlage der Metzgerei. Der größte Beitrag ist die Nähe: Von der Aufzucht bis zum Verkauf findet alles im maximalen Radius von 50 Kilometern statt. Dies schont die Umwelt und den Geldbeutel.
Die kurzen Wege und der Verzicht auf jeglichen Zwischenhandel machen das Preis-Leistungs-Verhältnis bei Reichenbach umschlagbar!

Blackforest Prime Beef®

Das „Blackforest Prime Beef“ stammt aus eigener Zucht von Hinterwälder- und Limousin-Rindern. Diese haben von Natur aus eine feine Marmorierung im Fleischbereich mit extrem vielen Aromaträgern. Diese „Goldstücke“ reifen mindestens acht Wochen bei optimaler Kälte und Klimasteuerung und verlieren dabei bis zu 50 Prozent ihres Gewichts.

Bestes vom Schwein

Das hochwertige Schweinefleisch stammt aus eigener Aufzucht aus einer Kreuzung des alten deutschen Landschweins mit dem französischen Schwarzfußschwein

aus den Pyrenäen (Porc Noir de Bigorre). Durch die langsame Mastzeit und reine Getreide-Fütterung hat das Fleisch eine sehr trockene Konsistenz und schöne Fettmarmorierung. Das gibt ihm seine Zartheit und seinen unverwechselbaren Geschmack.

Hausmacher-Spezialitäten

„Hausmacher-Spezialitäten nach alter Väter Sitte" werden wie vor 100 Jahren schlachtfrisch ausschließlich mit Naturgewürzen hergestellt. Der Schwarzwälder Speck und Schinken wird traditionell in Steinsalzgewürzen und Wacholder eingelegt wie bei der bäuerlichen Hausschlachtung. „Wir sind wie ein Hausschlachtungs-/Selbstvermarktungsbetrieb – nur in anderer Größe" so Ulrich Reichenbach. Durch das Zusammenspiel des traditionellen Handwerks in Verbindung mit modernster Technik entsteht ein unvergessliches Produkt. Dazu gehören z. B. Wildschwein- bzw. Reh-Edelsalami, Wildcabanossi, echte Bergsalami mit Edelschimmel, Glottertaler Kandelschinken und Coppa.

Über 50 Mitarbeiter kümmern sich im Glottertäler Betrieb und in den festen und mobilen Verkaufsstellen um die Kunden.

Jedes Jahr findet der Almabtrieb der Metzgerei Reichenbach statt. Es werden ca. 150 der eigenen Tiere ins Tal getrieben. Bei zünftiger Blasmusik gibt es Bestes aus der Metzgerküche. Immer am vierten Wochenende im September, wenn es heißt „Almabtrieb beim Reichenbach" strömen über 5.000 Besucher ins Glottertal.

Schon seit Bestehen der Metzgerei Reichenbach werden die Schwarzwälder Spezialitäten per Post verschickt. Liebhaber der Reichenbach-Spezialitäten machen einen Abstecher von der Autobahn ins Glottertal oder bestellen im Internet bei ihrem Lieblings-Metzger.
Der angegliederte Partyservice ist für alle Anlässe das Richtige. Von der Gartenparty bis zur Großveranstaltung werden alle Wünsche erfüllt. Im firmeneigenen Partyraum finden bis zu 160 Personen für Veranstaltungen Platz.

Metzgerei Reichenbach
In den Engematten 9 | 79286 Glottertal
Tel. +49 76 84/2 40
E-Mail: info@metzgerei-reichenbach.de
www.metzgerei-reichenbach.de

Wo sich Schwarzwald und Rheinebene küssen

Die Winzergenossenschaft Glottertal

Eine besondere Verbindung aus langer Tradition, speziellen Böden und einzigartiger Lage bestimmt die hohe Qualität der Weine aus dem Glottertal. Bereits seit über 600 Jahren wird auf den Hängen, die das Tal zwischen Rheinebene und Schwarzwald säumen, Weinbau betrieben. Die Winzergenossenschaft Glottertal wurde im Jahr 1951 mit 13 Winzern und zusammen 3,2 Hektar Rebfläche gegründet. Heute sind ca. 140 Winzerinnen und Winzer mit insgesamt 62 Hektar an der Solidargemeinschaft beteiligt – eine der kleinsten selbstvermarktenden Winzergenossenschaften in Baden.

Das besondere Kleinklima und das Granit-Gneis-Verwitterungsgestein begünstigen den Ausbau von filigranen Burgunderweinen, die leicht und typisch über Zunge und Gaumen gleiten. 77 Prozent der Anbaufläche sind dem Spätburgunder gewidmet, seit 20 Jahren haben sich auch Merlot und Cabernet Sauvignon dazugesellt, die Einzellagen „Eichberg" und „Roter Bur" bringen begehrte Tropfen hervor. Doch auch Weißweine gedeihen an den steilen sonnigen Südhängen des Glottertals, die zu den höchstgelegenen in Deutschland zählen. Riesling und Chardonnay, Weißburgunder, Müller-Thurgau und Weißburgunder gehören zu den Lieblingen ebenso wie die Sekte, Perlweine, Weincocktails und der „Herzwein" nach einem Rezept von

Hildegard von Bingen. Umweltschonender Weinbau von Hand ist in Glottertal selbstverständlich. Geschäftsführer Udo Opel und die Mitglieder der WG sind sich der verantwortungsvollen Aufgabe bewusst: „Wir sind heute auch Gärtner der Kulturlandschaft", unterstreicht er die Wertschätzung „seiner" Winzer. Ein stetiges gesundes Wachstum bestätigt den selbstbewussten Weg der WG. Besonderes Augenmerk liegt auf der bewussten Empfehlung heimischer Weine in der regionalen Gastronomie.

Der gut sortierte Verkaufsraum der Winzergenossenschaft lädt zum Probieren und Auswählen ein. Geschenke können direkt mitgenommen oder weltweit versendet werden. Wer echte Glottertäler Weinkultur erleben möchte, nimmt an einer Kellerführung mit Weinprobe teil oder erfährt bei einer Genusstour per Segway oder E-Bike alles Wissenswerte über die umliegende Weinlandschaft. Events wie die „Rebhisli-Tour" am Vatertag, die „Glottertäler Weinbühne" oder die historische „Roter-Bur"-Schauspieltour sind beliebte Ereignisse im Jahresverlauf.

Winzergenossenschaft Glottertal
Winzerstraße 2 | 79286 Glottertal
Tel. +49 76 84/9 10 91
E-Mail: info@wg-glottertal.de
www.wg-glottertal.de

Glottertal im Schwarzwald

Große Tradition im Wandel der Zeiten

Weinbau in Malterdingen

Die Gemeinde Malterdingen im Herzen des Breisgaus kann auf eine über 1.000-jährige Geschichte zurückblicken. Der Weinbau auf Muschelkalk-Verwitterungsböden mit Lössanwehungen spielt von jeher eine Hauptrolle in der Vorbergzone des Schwarzwalds. Schon im Mittelalter galt „Malterdinger" als Synonym für den vollmundigen Roten, der für die Versorgung der umliegenden Klöster von großer Bedeutung war. Die 1954 gegründete „Rebenaufbaugenossenschaft Malterdingen" bündelte die Erträge der Winzer und gelangte mit der Nachfolge-Organisaton „Winzergenossenschaft Malterdingen-Heimbach" zu nachhaltigem Erfolg. Heute werden 42 Hektar von 120 Mitgliedern – drei davon im Haupt-, der Rest im Nebenerwerb – bewirtschaftet.

Die 3.000 Einwohner zählende Gemeinde mit dem malerischen historischen Ortskern hat den Gästen von nah und fern viel zu bieten: neben besten Weinen eine hervorragende Gastronomie und eindrucksvolle Naturerfahrungen. Der anlässlich der 1.000-Jahr-Feier 2016 eingeweihte Panorama-Wanderweg „Augenweide" verläuft in einer flexiblen Wegführung über Malterdingens Höhenzüge durch Reben und Wälder mit Aussichten bis zum Blauen und den Vogesen.

(Quelle: Malterdingen – ein Dorf und seine Geschichte, 2015)

www.malterdingen.de

Handverlesen und exklusiv

Der Weinhof Hildwein

Bernd Hildwein führt den gleichnamigen Weinhof mit seiner Familie in Eigenregie und kümmert sich intensiv um die Auswahl, die Lese, den Ausbau und die Vermarktung der Erzeugnisse aller Malterdinger WG-Mitglieder. In Absprache mit den Winzern sucht der Diplom-Weinbau-Ingenieur nur die besten Qualitäten für die kontinuierlich hochdekorierten Weine der Winzergenossenschaft Malterdingen-Heimbach aus, lässt diese im Badischen Winzerkeller Breisach exklusiv ausbauen und abfüllen, um sie dann vom Weinhof aus zu verkaufen und verschicken. Hauptsorten sind Spätburgunder (45 %), Weißburgunder (15 %), Müller-Thurgau (15 %) und Grauburgunder (10 %) von der südlichen Hanglage Bienenberg. Als besondere Weißwein-Spezialität gilt der Auxerrois, der hier aus über 60 Jahre alten Reben gewonnen wird, der Malterdinger Bienenberg Chardonnay brut in Flaschengärung ergänzt das Sortiment mit cremiger Aromatik. Geringe Mengen – Kleinpartien von 1.000 bis 4.000 Flaschen sind die Regel – erhöhen den Reiz des Besonderen. Neue Wege geht man mit der Frühlingswein-Cuvée „Allerley“, einem frischen Weißen, der auch die junge Kundschaft auf den regionalen Weingeschmack bringt. Manfred Hildwein Senior steuert feinste Edelbrände aus der eigenen kleinen Hausbrennerei bei.

Weinhof Hildwein
Bernd Hildwein
Heimbacher Weg 18 | 79364 Malterdingen
Tel. +49 76 44/17 13
E-Mail: weinhof-hildwein@t-online.de
www.weinhof-hildwein.de

Heimat. Handwerk. Herzblut. Huber.

Das Weingut Huber in Malterdingen

Vor über 700 Jahren brachten Zisterziensermönche den Spätburgunder nach Malterdingen. Der Gutshof der Mönche, „curia" genannt, befand sich im Gewann Mönchhofmatten, wo heute das Weingut Huber liegt. Die Mönche trafen in Malterdingen auf das gleiche Terroir, den „Muschelverwitterungsboden", wie in Burgund und brachten die hohe Schule des Weines mit. Bis heute findet man in Rebsortenbüchern und diversen Weinlexika als Synonym für den Spätburgunder die Bezeichnung „Pinot-Noir" und „Malterdinger".

Das im Breisgau gelegene Familienweingut kultiviert auf 28 ha neben Weißburgunder und Grauburgunder vor allem Chardonnay und Spätburgunder.

Mit viel Fingerspitzengefühl werden hier die Unterschiede der verschiedenen Muschelkalkböden der Grand Cru Weinbergslagen „Malterdinger Bienenberg", „Bombacher Sommerhalde", „Hecklinger Schlossberg" und „Malterdinger Bienenberg Wildenstein" herausgearbeitet.

BERNHARD HUBER
MALTERDINGEN

Bis heute und in Zukunft gilt im Weingut Huber die Devise: Winzer sein mit Herzblut, mit dem Ziel, einfach gute Weine zu produzieren, und dem Traum, wieder einen Wein zu machen, der eindeutig als „Malterdinger" erkennbar ist, so wie es früher im 13. Jahrhundert war.

Weingut Huber
Inh. Barbara Huber
Heimbacher Weg 19 | 79364 Malterdingen
Tel. +49 76 44/92 97 22-0
Fax +49 76 44/92 97 22-99
E-Mail: info@weingut-huber.com
www.weingut-huber.com

Hotel
Ludinmühle
1702

Wohlfühlen, genießen, entspannen

*Hotel Ludinmühle ****S*

Dort, wo das Tal enger wird, die Hänge steiler und die Welt zu Ende scheint – dort, im idyllischen Freiämter Brettental, ist die historische Ludinmühle aus dem Jahr 1702 zu einem einzigartigen Refugium der besonders erholsamen Art nach und nach behutsam ausgebaut und ergänzt worden: Das Wellnesshotel Ludinmühle ist ein Leuchtturm herzlicher Gastlichkeit mit besonderer Aufmerksamkeit für Menschen, die kulinarischen Genuss, Wellness, Bewegung und Entspannung verbinden möchten. Viereinhalb Sterne zieren den

Betrieb und fünf Wellnessstars zeichnen die großzügige Bade- und Saunalandschaft aus.

Der Tag in der Ludinmühle beginnt mit einer großen Auswahl regionaler Produkte am reich bestückten Frühstücksbuffet, das Vitalbuffet bietet den Hausgästen zur Nachmittagszeit eine leichte frische Mahlzeit, abends lockt das sechsgängige Verwöhnmenü mit den passenden Weinempfehlungen zu einem kulinarischen Tagesausklang à la Saison. Zwischen den Mahlzeiten hat man die Qual der Wahl: Elf Saunen (textil & textilfrei) – darunter eine exklusiv für Frauen – warten mit gesunder Hitze, das umweltfreundlich gewärmte Schwimmbad glitzert in der Sonne, Yogastunden laden zur meditativen Dehnung, Nordic-Walking- und E-Bike-Touren bieten sich an, die frische Schwarzwaldluft in Bewegung zu erleben.

An das mit Rosenmotiven ausgekleidete Restaurant Rosengarten grenzt der lichtdurchflutete Olivengarten an, die Schwarzwaldstube im Landhausstil erzählt die Geschichte des Hauses, in der Mühlenstube erinnert ein Wappen mit Mühlstein an die Vergangenheit, in der rot gehaltenen Ofenstube sind Familienfeiern gut aufgehoben. Speziell für den Inhaber, Walter Zimmermann, keltert das hochdekorierte Weingut Huber aus Malterdingen eine Weißwein-Cuvée aus Auxerrois und Grauburgunder („Zimmermanns Weißer") und eine Jahrgangs-Cuvée aus verschiedenen Lagen („Zimmermanns Roter"). Weitere ca. 250 erlesene Weine bereichern die Mahlzeiten.

Gastgeber Walter Zimmermann

Auf der sonnigen Terrasse genießen die Gäste am Nachmittag appetitliche hausgemachte Kuchen und Torten – darunter die berühmte Schwarzwälder Kirschtorte. Währenddessen werden die Kinder von ausgebildeten Erzieherinnen und Tagesmüttern liebevoll betreut.

Diverse Arrangements mit unterschiedlichen Schwerpunkten laden die Gäste zu einem Rundum-Wohlfühl-Aufenthalt in den 64 Zimmern – davon fünf Suiten und zwei Einzelzimmer – ein. „Für jeden ist etwas dabei", bestätigt Walter Zimmermann – und spricht damit eine Leistung an, die selten geworden ist: Servicekultur mit Begeisterung.

Hotel Ludinmühle 1702

Wellnesshotel Ludinmühle
Brettental 31 | 79348 Freiamt
Tel. +49 76 45/9 11 90
E-Mail: info@ludinmuehle.de
www.ludinmuehle.de

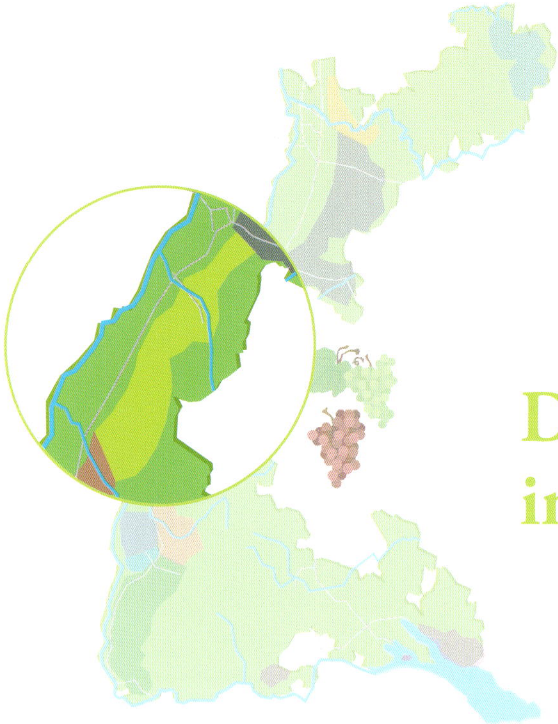

Die Ortenau – Weinparadies im Herzen Badens

Das Weinanbaugebiet Ortenau liegt zwischen Baden-Baden und Offenburg und steht mit rund 2.600 Hektar Rebfläche und 60 Kilometern an dritter Stelle aller neun badischen Weinanbaugebiete. Diese vielfältige Kulturlandschaft liegt im Herzen Badens zwischen dem nördlichen und mittleren Schwarzwald. Die Landschaft ist dreigeteilt: in der Mitte die geschmeidigen Weinhänge, flankiert auf der einen Seite von den fruchtbaren Rheinauen und auf der anderen Seite von der dunklen Schwarzwaldkulisse und den romantischen Schwarzwaldbergen. Diese liebenswürdige Gegend ist ein wahres Genussparadies inmitten Badens, in dem alles üppig und in Fülle gedeiht: Mais, Tabak, Obst, Gemüse, Getreide und natürlich überall Wein. Während man an den sonnigen Westhängen überwiegend Wein- und Obstbau findet, gedeihen in der fruchtbaren Rheinebene vor allem Mais, Weizen und Gemüse. Das Klima auf den Höhen des Schwarzwaldes ist oft kalt und nordisch rau und die Gipfel noch schneebedeckt, wenn im Frühjahr unten im Tal schon die Obstbäume und ersten Blumen blühen. Aufgrund des sehr milden Klimas in der Vorgebirgszone wachsen in der Ortenau sogar Esskastanienbäume. Zwetschgen, Mirabellen, Kirschen und viele andere Obstsorten und Steinobstfrüchte dienen den Ortenauer Schnapsbrennern als ideale und gute Grundlage für hervorragende Schnäpse. Die Vielfalt an Obstbränden von außergewöhnlicher und prämierter Qualität ist in dieser Gegend wirklich bemerkenswert. Mit mehr als 1.700 Sonnenstunden im Jahr gilt die Ortenau als eine der sonnenverwöhntesten Regionen Deutschlands. Sie ist die fruchtbarste Region des Schwarzwaldes.

Bad Peterstal

Die herausragenden Weinlagen der Ortenau befinden sich an den steilen Süd- und Westhängen des Schwarzwaldrandes und in den unteren verschiedenen windgeschützten

Durbacher Herbst

Tälern: Bühlertal, Achertal, Renchtal und Kinzigtal. Die Rebböden sind meist aus Granit, Gneis und Buntsandstein, die die reichlich vorhandenen Niederschläge gut aufnehmen und speichern können. Die Ortenau ist unter den badischen Weinanbaugebieten dasjenige mit der höchsten Niederschlagsrate, was sich jedoch aufgrund der wasserdurchlässigen Gesteinsverwitterungsböden durchaus positiv auf das Wachstum der Reben auswirkt, die die im Boden gespeicherten Nährstoffe und Mineralien damit gut aufnehmen können.

Die Ortenau ist vorwiegend eine Riesling-Region, aber auch die Heimat des Spätburgunders. Der Riesling gerät auf den Gneis- und Granitverwitterungsböden in der Ortenau meist markant mineralisch, duftig und frisch. Der Riesling wird in der Ortenau auch Klingelberger genannt; dies ist die Bezeichnung eines sehr hochwertigen Rieslings, der vornehmlich in Durbach gedeiht. Markgraf Karl Friedrich ließ im Jahre 1776 auf der Gemarkung Klingelberg nahe seines Schlosses Staufenberg bei Durbach mehr als 8.000 Rieslingstöcke anpflanzen. Das vergleichsweise raue Klima in den oberen Weinlagen

Weinberge im Baden-Badener Rebland

wird ausgeglichen durch den reichen mineralischen Boden und ist damit sehr günstig für den Riesling. Die Ortenau ist Badens größtes zusammenhängendes Riesling-Anbaugebiet.

Mit mehr als 45 % ist der Spätburgunder jedoch die häufigste Weinsorte in der Ortenau. Er wächst gerne auf fetteren Böden mit vielen Sandanteilen. Der feurige Rotwein zeichnet sich aus durch samtige Tannine, dunkle Beerennuancen und extraktreiches Bukett.

Aber neben den beiden Sorten Riesling und Spätburgunder werden von den Winzern der Ortenau auch Grauer Burgunder, Müller-Thurgau, Gewürztraminer, Chardonnay, Weißburgunder, Cabernet Sauvignon und Cabernet Dorsa angebaut. Eine Spezialität der Ortenau ist der Traminer, der auch unter dem Namen „Clevner" bekannt ist. Edelsüß ausgebaut kann er sein ganzes würziges Bukett entfalten. Die Ortenauer Winzer mit ihren hervorragenden Weinen werden alljährlich mit vielen Prämierungen und Goldmedaillen ausgezeichnet; keine andere Weinanbauregion Deutschlands ist so erfolgreich auf nationaler wie internationaler Ebene wie die Ortenau!

Blühende Kirschbäume in der Ortenau im Frühling

Die Ortenau ist auch eine sehr beliebte Ferienregion in Deutschland und somit haben auch der Tourismus und die Gastlichkeit im Weinparadies einen sehr hohen Stellenwert. In keiner Region Deutschlands findet man so viele Sternerestaurants wie in der Ortenau. Wunderschöne und erstklassige Wellnesshotels verwöhnen die Gäste auf hohem Niveau und sind begehrte Oasen der Erholung. Alles ist in der Ortenau vertreten: von Luxushotels, Wellnessressorts über traditionelle Gasthäuser bis hin zu einfachen Pensionen. Mit den meisten Übernachtungen ist der Europapark Rust nicht nur die größte Freizeitattraktion in der Ortenau, sondern auch die größte Hotelanlage Deutschlands.

Wozu die Wahrheit im Kaffeesatz suchen, da sie doch so angenehm im Wein untergebracht ist? – *André Brie*

Kurhaus Baden-Baden

Am Durbach in Durbach

Bad Peterstal-Griesbach

Obstbaumblüte bei Sasbachwalden

Im Norden der Ortenau besticht das elegante Baden-Baden mit seinem einzigartigen Flair, verbindet Tradition und Moderne auf wunderbare Weise und ist wahrlich ein Garten Eden, einzigartig in Deutschland.

Gleich hinter Baden-Baden beginnt auch die 160 Kilometer lange Badische Weinstraße mit bekannten Weinlagen, romantischen Dörfern und schmucken Städtchen. Das Baden-Badener Rebland mit den Reblandgemeinden Steinbach, Varnhalt und Neuweier ist bekannt für die typische regionale badische Küche. Dies ist auch die einzige badische Region, die ihren besten Wein in Bocksbeutelflaschen füllen darf.

Heilklimatisch ist der Kurort Sasbachwalden besonders beliebt. Der wunderschöne Ort am Rande der Hornisgrinde ist umrahmt von Wald und Reben. Fachwerkhäuser mit üppigem Blumenschmuck, die unter Denkmalschutz stehen, schmücken ihn.

Im Renchtal locken die bekannten Renchtäler Bäder Bad Peterstal und Bad Griesbach gesundheitsbewusste Urlauber seit Jahrhunderten an. Die wunderschöne Kulturlandschaft mit Bergen, Obst, Wein und Wald ist eine beliebte Wellness- und Kulinarik-Region.

In der Ferienregion Achertal, die aus den Gemeinden Kappelrodeck, Waldulm, Ottenhöfen, und Seebach besteht, mit ihrer unverwechselbaren Natur wird Familienfreundlichkeit besonders gepflegt. Diese Region ist auch sehr beliebt bei Wanderurlaubern.

Die Ortenau ist eine ganz besondere und sehr vielfältige Kulturlandschaft im Herzen Badens, die man zu Recht auch als die „Toskana Badens“ bezeichnen kann. Sie ist wahrlich ein Garten Edens.

Persönlich. Herzlich. Besonders.

Kirnbacher Hof

Wer sich auf den Grat zwischen Tradition und Moderne begibt, vollführt einen Drahtseilakt, in dem Chance und Risiko sich die Balance halten. Wie wunderbar und zur Zufriedenheit aller Beteiligten das gelingen kann, beweist Familie Wernet im Kirnbacher Hof. Das Restaurant und Hotel in zentraler Lage der 1.000-Seelen-Gemeinde Kirnbach nahe des idyllischen Kinzig-Städtchens Wolfach verbindet familiär überliefertes Wissen mit aktuellen Trends. Das stimmige Ambiente in unaufdringlich-moderner Architektur bezieht die Umgebung jenseits aller Klischees in Zitaten aus der bäuerlichen Vergangenheit des mittleren Schwarzwalds mit ein. Das wissen die Gäste zu schätzen, wenn sie sich kleine und große Auszeiten vom Alltag gönnen und die Spezialitäten aus Küche und Keller schmecken lassen. Regelmäßig stellen ausgewählte Winzer ihre Weine zu speziellen Menüs vor. „Da wo gute Weine sind, ist auch gutes Essen", lautet die Überzeugung des engagierten und weitgereisten Gastronomen Martin Wernet, der sich einem hohen Niveau ohne Dogmen verschrieben hat. Die Erfahrungen aus den Küchen anderer Länder sind ihm seit 13 Jahren Inspiration für das eigene Angebot, das er mit Souschef Frank Kern kongenial umsetzt und in der Ausbildung weitergibt. Die Zutaten für die immer wieder der Jahreszeit angepassten Menüs stammen

überwiegend aus regionaler Produktion. Legendär und begehrt sind die Wildangebote von Reh, Hirsch und Damwild aus heimischer Jagd, die Früchte der Felder und Wälder dienen als Inspiration für vegetarische Angebote.

Kreativität und Qualität sind die Maßstäbe, nach denen Familie Wernet in fünfter Generation misst. Seit 125 Jahren befindet sich das Anwesen im Familienbesitz. Aus der damaligen Schankwirtschaft mit Vesper aus der eigenen Landwirtschaft hat sich im Laufe der Zeit eine erste Adresse für Menschen mit Wertschätzung für die guten Dinge des Lebens entwickelt. Der perfekte und unaufgeregte Service weiß um die Zusammenhänge von sensiblen Wellnessangeboten, die den ganzen Menschen ansprechen. In den 21 individuell mit Handwerksmotiven dekorierten Zimmern des Drei-Sterne-Superior-Hotels fühlen sich Menschen wohl, die den Luxus von Purismus und Naturnähe schätzen. Als Ausgangspunkt für Freizeitaktivitäten in der näheren und weiteren Umgebung ist der Kirnbacher Hof ein kleines feines Zentrum. Wochenend-Arrangements mit kulinarischen und sportlichen Angeboten machen Appetit auf eine Wiederholung dieses unkomplizierten Schwarzwald-Erlebnisses.

Kirnbacher Hof
Martin Wernet
Untere Bahnhofstraße 6 | 77709 Wolfach
Tel. +49 78 34/61 11
E-Mail: info@kirnbacher-hof.de
www.kirnbacher-hof.de

Das Besondere an Schwarzwald-Sprudel

Kraft schöpfen für die Gesundheit, für das eigene Wohlgefühl – das ist es, was wir von Schwarzwald-Sprudel für Sie wollen! Dafür gehen wir für Sie 212 Meter tief unter die Erde und bringen Ihnen das Beste hervor, was der Schwarzwald zu bieten hat: sein Wasser. Warum ist das so?

Absolut geschützt vor Verunreinigungen, entspringt unsere Schwarzwald-Sprudel-Quelle in Bad Griesbach. Die Quelle in Bad Griesbach befindet sich geologisch gesehen am Übergang vom Grundgebirge zum unteren und mittleren Buntsandstein, in dem der Kalk weitgehend fehlt. Das Wasser ist dadurch besonders weich. Auf seinem langen Weg unterhalb des Kniebismassivs, im Schoß des Naturschutzgebiets Kniebis-Alexanderschanze, bis zu unseren Quellen fließt es somit durch mehrere Gesteinsschichten aus Buntsandstein, Gneis und Granit. Besonders Letzteres bewirkt den hohen Anteil an natürlicher Quellkohlensäure im Schwarzwald-Sprudel, was dem Mineralwasser eine unvergleichliche Frische verleiht.

Wasser für die Zukunft

Auch zukünftig möchten wir unseren Kunden nur das Beste aus der Natur bieten. Schwarzwald-Sprudel hat es sich daher zur Aufgabe gemacht, sein Wissen über die Gewinnung von Mineralwasser an seine Kunden weiterzutragen.

Probieren Sie unsere Produkte von Schwarzwald-Sprudel als Glasprodukte und unsere Vitrex PET-Produkte aus den Quellen in Wildberg.

Weitere Informationen erhalten Sie unter:
www.schwarzwald-sprudel.de

Schwarzwald Sprudel
Natürlich aus dem Schwarzwald

Schwarzwald-Sprudel GmbH
Kniebisstraße 43 | 77740 Bad Peterstal-Griesbach
Tel. +49 78 06/98 55 86 11
Fax +49 78 06/98 55 86 12
E-Mail: info@schwarzwald-sprudel.de
www.schwarzwald-sprudel.de

Ortenauer Weinkeller

Es gibt nichts Schöneres im Leben, als gute Momente mit lieben Menschen zu teilen. Gemeinsam zu lachen, zu tanzen, zu essen und mit einem Glas Wein anzustoßen. **„Der Augenblick ist zeitlos“,** soll Leonardo da Vinci einmal gesagt haben.

In Baden, wo es nachweislich die meisten Sonnenstunden des Landes gibt, kann das Gold der Winzer unter besten Voraussetzungen gedeihen, um später als edle Tropfen unsere Gaumen zu streicheln. Hier entsteht Qualität, die man schmeckt, die uns nach nur einem Schluck zum Lächeln bringt. Im Schutz der Berge des Odenwaldes, des Schwarzwaldes und der Vogesen, in Kombination mit den ausreichend vorhandenen Sommerniederschlägen, haben die Reben in Baden ideale Wachstumsvoraussetzungen. **Und deshalb sind wir seit 1953 hier verwurzelt.**

Unsere Weinkellerei besteht aus 440 Hektar Rebfläche, die aromenintensive Vielfalt garantiert. Jahr für Jahr bescheren 404 Vertragswinzer diese Qualität mit Hingabe. Mit einer Kapazität von sieben Millionen Litern in Tanks und zwei Millionen Litern im Flaschenlager gehören wir zu den großen Weinkellereien in Baden. Die Weine unterstreichen eindrucksvoll ihre Herkunft aus Baden und bestechen durch eine klare Frucht, unbändige Kraft und Fülle bei gleichzeitig höchster Eleganz.

Probieren Sie doch einen von unseren feinen Burgundern oder eine Spezialität aus einer Region. Beim Ortenauer Weinkeller bekommen Sie spezielle Weine aus ganz Baden.

ORTENAUER WEINKELLER
SEIT 1953 IN BADEN

Ortenauer Weinkeller GmbH
Edekastraße 1 | 77656 Offenburg
Tel. +49 7 81/5 02 61 90
Fax +49 7 81/5 02 61 93
E-Mail: info@ortenauerweinkeller.de
www.ortenauerweinkeller.de

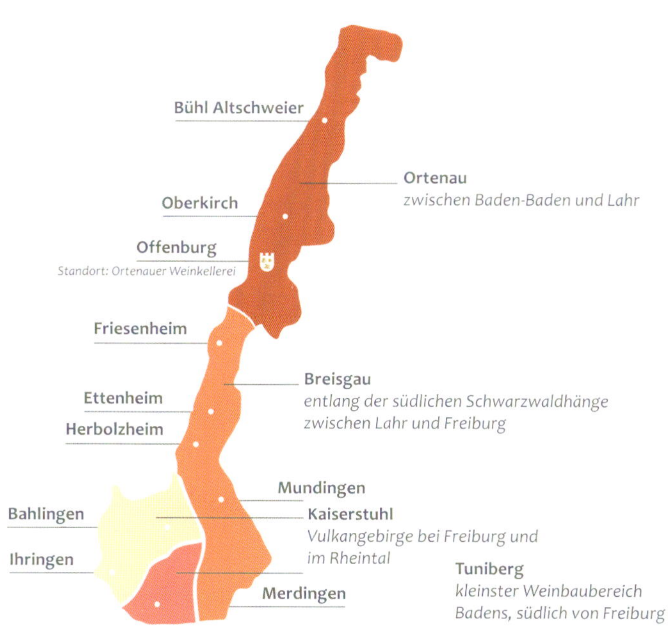

Romantik pur

Alle lieben Gengenbach

Gengenbach hat sich etwas bewahrt, was keine Tourismus-Agentur so perfekt gestalten könnte: gelebte Tradition mit modernem Gesicht in historischem Gewand. Über eine Million Besucher zieht der mittelalterliche Stadtkern mit den gepflegten Fachwerkhäusern jedes Jahr an. Die Besucher genießen den Bürgersinn, der in allen Ecken spürbar ist und sind begeistert von der durch den Weinbau geprägten Kulturlandschaft. Gengenbach ist zu jeder Jahreszeit ein Genuss: Zur Fastnacht toben die alten Zünfte durch die Gassen, im Frühjahr und Sommer bieten sich Wanderungen in die stets präsente Natur an. Das Wein- und Stadtfest am dritten September-Wochenende feiert die aktuelle Lese der Ortenauer Winzer. Ein Höhepunkt des ausklingenden Jahres ist der „Gengenbacher Adventskalender", bei dem allabendlich um 18 Uhr eines der 24 Fenster des historischen Rathauses erleuchtet wird. Der „größte Adventskalender der Welt" lockt seit über 20 Jahren in der Adventszeit Tausende Besucher an. Mit dem „Stadtbuch" hat die ehrenamtliche Museumspädagogin Barbara End ein wunderbares Bilder- und Lernbuch für Kinder entwickelt, das mittlerweile alle Generationen für ihre Entdeckungen nutzen. Geführte Streifzüge durch die Stadt bieten thematische Schwerpunkte, hochkarätige Museen zeugen vom Wandel der Zeiten.

Frisch und ehrlich

Weingut Simon Huber

Der junge Winzer und Önologe Simon Huber hat seine Begeisterung für die Natur zu einem geliebten Beruf gemacht. Nach seiner Ausbildung sammelte der Jungwinzer Erfahrungen bei Winzern in Österreich und Neuseeland und gründete 2012 sein eigenes Weingut mitten in den Weinbergen von Gengenbach. Die hohe Qualität seiner Weine begründet sich in einer glücklichen Melange aus Boden, Klima und Rebsorten sowie einem behutsamen naturnahen An- und Ausbau von Riesling, Weiß-, Grau- und Spätburgunder und dem „Exoten" St. Laurent. Der „Eichelmann" kürte Simon Hubers Weine 2016 mit dem zweiten Stern und auch der „Gault-Millau" ist auf Hubers frische und ehrliche Weine aufmerksam geworden.

Simon Hubers Weine sind perfekte Begleiter der feinen badischen Küche, die den Gästen im Restaurant und Weinhotel „Pfeffer & Salz" von seiner Frau Julia und ihrem Team geboten wird. In der angeschlossenen Vinothek können die Weine separat oder im Arrangement mit Gourmetspezialitäten verkostet und gleich mitgenommen werden. Als Mitglied des Jungwinzer-Vereins „Generation Pinot" möchte Simon Huber „dazu beitragen, den badischen Wein und die ganze Region voranzubringen." (s. auch GENERATION PINOT, S. 70)

Weingut Simon Huber
Mattenhofweg 3 | 77723 Gengenbach
Tel. +49 78 03/93 48 50
E-Mail: mail@simonhuber-wein.de
www.simonhuber-wein.de
www.pfefferundsalz-gengenbach.de

Ein Stück Heimat

Weinmanufaktur Gengenbach

Hier, wo die Weingeschichte der Ortenau vor 1125 Jahren begann, repräsentiert die Weinmanufaktur Gengenbach die edlen Tropfen der Weinkeller Gengenbach, Zeller Abtsberg und Fessenbach in höchster natürlicher Qualität unter einem Dach. Handarbeit und Ausdrucksstärke charakterisieren den Weinbau des Zusammenschlusses von 700 Winzern auf 270 Hektar Gesamtfläche. Die Vielfalt der Weingenüsse zwischen Tradition und Moderne führt zu Synergien der besonderen Geschmacksart: „Jeder Kellermeister ist ein Künstler", betont Vertriebsleiter Viktor Göppert. In den einzelnen Ortschaften finden das ganze Jahr hindurch interessante kulinarische Weinveranstaltungen statt, die Weinsommelière Katuna Yousuf stellt ihr Fachwissen über Rebsorten, Ausbautechniken, Öchsle und Weinlese auf charmante Art in unterschiedlichen Formaten zur Verfügung. Gesellige Weinproben, Kellerführungen und Weinbergswanderungen können das ganze Jahr über gebucht werden. Endverbraucher, der Handel in nationalen Badischen Weinhäusern und die Gastronomie profitieren vom ausgewiesenen Expertentum der Weinmanufaktur Gengenbach.

WEINMANUFAKTUR
GENGENBACH

OFFENBURG · GENGENBACH

Weinmanufaktur Gengenbach-Offenburg eG
Am Winzerkeller 2 | 77723 Gengenbach
Tel. +49 78 03/9 65 80
E-Mail: info@gengenbacher-winzer.de
www.gengenbacher-winzer.de

Badische Gastlichkeit hoch vier

Winzerstüble Gengenbach

Das Winzerstüble in Gengenbachs Ortsmitte ist eine erste Adresse für Gäste mit ausgeprägtem Sinn für badische Küche in Verbindung mit den Weinen der Weinmanufaktur Gengenbach, die hier exklusiv ausgeschenkt werden. Vier unterschiedliche Formate mit den Labels traditionell, historisch und modern bietet das langjährig erfahrene Gastronomen-Ehepaar Wilhelm und Alexandra Armbruster als Schatzkästchen der gastlichen Art: In den Räumen und auf der Terrasse des traditionellen „Restaurant Winzerstüble Gengenbach“ finden bis zu 55 Personen Platz. Das historische „Winzerstüble“ lädt bis zu 40 Personen zu rustikal-gemütlichem Beisammensein ein. Das Restaurant „von Bender“ bietet kulinarischen Genuss und Weine für bis zu 60 Personen in stilsicher modernem Ambiente. Das „Schwarzwald Eventhaus“ in Gengenbach-Reichenbach kann für besondere Anlässe und einen großen Personenkreis mit Catering- und Event-Service gebucht werden. Weinproben für Gruppen ab zwölf Personen werden individuell veranstaltet.

Winzerstüble Gengenbach
Wilhelm & Alexandra Armbruster
Hauptstraße 18 | 77723 Gengenbach
Tel. +49 78 03/36 36
E-Mail: info@winzerstueble.de
www.winzerstueble.de

Geschmackvolle Historie

Offenburger Weinstube zum Salmen

Am Rande der Offenburger Innenstadt liegt ein geschichtsträchtiger Ort: Hier verkündeten der badische Demokrat Friedrich Hecker und die „entschiedenen Freunde der Verfassung“ 1847 den ersten demokratischen Verfassungsentwurf in Deutschland. Den Geist von Freiheit, Gleichheit und Brüderlichkeit atmet dieser Ort mit dem anschließenden Festsaal immer noch. Daniel Gorges ist sich der Tradition bewusst und verbindet sie kreativ mit leichter Küche auf einer kleinen feinen Speisekarte.

Der Morgen beginnt mit einem Besuch des Großmarkts, wo sich der junge Küchenchef mit den besten Zutaten eindeckt. Aus der Frische komponiert Daniel Gorges die Speisekarte für das abendliche Angebot. So kommen die Gäste in den Genuss tagesaktueller Spezialitäten. Fisch – besonders Lachs, dessen altdeutsche Bezeichnung seine Weinstube trägt – ist immer dabei: Die hausgebeizte Gewürzlachstranche wird mit saisonalen Zutaten kombiniert und ist eine der Lieblingsvorspeisen auf der Karte. Hier und bei anderen Angeboten trifft süddeutsche Lebensart auf französische Raffinesse. Legendär sind der Simmentaler Zwiebelrostbraten mit Gemüsemaultaschen und die geschmorten Kalbsbäckchen. „Bei uns finden alle Gäste das Passende“, sagt Daniel Gorges. Neben saisonalen Gerichten aus der Region sind das auch vegetarische und vegane Leckerbissen.

Die Gäste kommen aus der Stadt und dem Umland, mischen sich mit den Touristen, die Offenburg zunehmend als Standort für ihre Erkundung Südbadens nutzen und eine Stadt mit Sinn für Tradition und Moderne wahrnehmen. Dafür steht auch die gemeinsam mit der Stadtverwaltung getroffene Entscheidung, im „Salmen" ausschließlich Weine der Offenburger Winzer und Genossenschaften anzubieten. Man hat die wechselnde Auswahl zwischen Weinen der Winzergenossenschaften Fessenbach, Rammersweier, Zeller Abtsberg sowie den Weingütern Freiherr von und zu Franckenstein, Schloss Ortenberg, dem Familienweingut Renner und dem Ortenauer Weinkeller. Empfehlungen gibt es kontinuierlich von Varta, Schlemmer Atlas, Bertelsmann-Guide, Falstaff und Tripadvisor sowie eine Doppelseite im Magazin „Südland Köche". Die Weinstube will zum Treffpunkt für gute Gespräche, schöne Momente und wahren Genuss werden. Man darf sich auf die kommenden Ideen – auch in Verbindung mit den Veranstaltungen im Salmen-Saal – freuen.

Offenburger Weinstube zum Salmen
Daniel Gorges
Lange Straße 54 | 77652 Offenburg
Tel. +49 781/97 06 49 66
E-Mail: gorges@zumSalmen.de
www.zumSalmen.de

Die Steillagen-Spezialisten

Winzergenossenschaft Durbach

Durbach, so der geschäftsführende Vorstand der Winzergenossenschaft, Stephan Danner, könne nur begreifen, wer von der Terrasse des Wahrzeichens Schloss Staufenberg hinunter auf das 16 Kilometer lange und nur 3 Kilometer breite „goldene Dorf an der Badischen Weinstraße“ geblickt habe. 83 Prozent der von dort zu sehenden Rebflächen werden von den 235 Mitgliedern der Winzergenossenschaft bewirtschaftet – davon sogar 80 Familien im Vollerwerb, die wiederum 75 Prozent der WG-Fläche bewirtschaften. Bereits seit 1928 steht die Winzergenossenschaft für eine kontinuierliche Spitzenqualität auf Granitverwitterungsböden in steilsten Lagen der klimatisch begünstigten Region. In der begehrten Steillage Ölberg recken sich die Reben auf einer bis zu 80-prozentigen Hangneigung der Sonne entgegen und liefern edelsüße Traminer und Gewürztraminer der Spitzenklasse. Neben den Burgunderweinen liefern die Lagen Kochberg und Plauelrain auch Rieslinge sowie Müller-Thurgau, Grau- und Weißburgunder. Die Premiumlage Steinberg wird ausschließlich von Jungwinzern bewirtschaftet und garantiert umweltschonenden Weinbau mit strenger Ertragsreduzierung. Eine Durbacher Spezialität ist der „Klingelberger“, dessen seit 1782 geführte ortstypische Lagenbezeichnung heute als Synonym für den Riesling gilt. „Wir haben eine gesunde Struktur“, bestätigt Stephan Danner. „Eine unserer wichtigsten Erfolgsregeln lautet, Ökologie

und Ökonomie sinnvoll zu verbinden." Der hohe Aufwand mit manueller Bearbeitung und 100-prozentiger Handlese bringt geringe Erträge zugunsten bester Qualitäten. Nationale und internationale Auszeichnungen katapultieren die Durbacher Weine regelmäßig in die höchsten Höhen des Weinhimmels: Bei der AWC Vienna, der größten internationalen Weinverkostung, stellte die Winzergenossenschaft Durbach einen Weltmeister und einen Vizeweltmeister. Der Gault Millau 2016 nannte die Experten zum wiederholten Male „beste Genossenschaft Badens" und honorierte das mit zwei Trauben. Bei der DLG Bundesweinprämierung erhielten die Winzer aus Durbach zum dritten Mal den Titel „Beste Kollektion Edelsüß Deutschlands". Ein monatlicher Newsletter informiert die Fans über aktuelle Angebote und Neuigkeiten. Das Steinberghäusle mitten in den Reben bietet bis zu 40 Weinliebhabern einen idealen Platz für

weiten Blick mit köstlichsten Kehlenfreuden. Rund ums Jahr bieten die Durbacher Winzer ihren Gästen ein Weinprogramm der saisonal unterhaltsamen Art.

Winzergenossenschaft Durbach eG
Stephan Danner
Nachtweide 2 | 77770 Durbach
Tel. +49 781/9 36 60
E-Mail: wg@durbacher.de
www.durbacher.de

Durbacher Weinberge im Herbst

Den Ursprung neu entdecken

Winzergenossenschaft Waldulm

Fruchtig-frisch, mineralisch-fein und kraftvoll-gereift sind die Weine der auf Granitböden mit natürlicher Mineralität wachsenden Reben. 200 Mitglieder der Winzergenossenschaft Waldulm bewirtschaften überwiegend im Nebenerwerb 130 Hektar der klimatisch idealen Lage Pfarrberg, in der der Ort eingebettet ist. Die Tradition der lange auf der natürlichen Hefe gereiften und im Holzfass zur Ruhe gekommenen Weine führt zu einem Ergebnis, das Geduld und Entschleunigung mit Hochgenuss belohnt. Eine weitere Besonderheit für den Weinbau in Waldulm sind die hier vorkommenden Granitböden. Obenauf locker verwittert erwärmen sie sich schnell und speichern lange die Sonnenstrahlen, die über den Schwarzwald in Richtung Elsass wandern und geben den Waldulmer Weinen feine Mineraltöne mit auf den Weg. Durch dieses typische Terrain präsentieren sich die feurigen Spätburgunder mit einer eleganten Weichheit.

Waldulm galt bis in die 1990er-Jahre überregional als Synonym für großartige Spätburgunder-Weine. Danach

wurde es ruhiger um die roten Burgunder, deren Geschmacksvielfalt allzu oft nicht gewürdigt wird. „Wir müssen den Ursprung neu entdecken“, bringt Michael Werner die Aufgabe der Gegenwart und Zukunft auf den Punkt. Seit Herbst 2015 leitet er die Winzergenossenschaft und ist sich sicher: „Wir müssen stolz sein, auf das, was wir haben und können!“ Mit Betonung auf dem „Wir“, denn eine Gemeinschaft ist nur dann erfolgreich, wenn jedes einzelne Mitglied die Ziele mittragen und -verantworten kann und will. Nur so lässt sich der verborgene Schatz heben und zu alter Größe führen: „Wir sind ein tolles Team und haben traditionsbewusste Mitglieder, die wir für die Bewahrung und zeitgemäße Verbreitung ihres einzigartigen Kulturguts neu begeistern wollen.“ Die Zeit sei reif und Zuversicht angebracht, dem Wandel der Generationen, den veränderten Vorlieben in Geschmack und Kaufverhalten optimistisch zu begegnen. Eine Verschlankung der Angebotsstruktur ist das Gebot der Stunde, die Besinnung auf die Stärken und die stetige Arbeit am Image eine kontinuierliche Aufgabe. „Ich will hier etwas bewegen und die Gemeinschaft wieder nach vorne bringen“, sagt Michael Werner, setzt auf Austausch und Begegnungen, die Verständnis und Vertrauen wachsen lassen.

Winzergenossenschaft Waldulm eG
Weinstraße 37 | 77876 Kappelrodeck-Waldulm
Tel. +49 78 42/9 48 90
E-Mail: mail@waldulmer.de
www.waldulmer.de

Erfüllung in Geschmack und Genuss

Winzerkeller Hex vom Dasenstein

Bereits 1934 beschlossen die Winzer in Kappelrodeck unter anhaltendem Konkurrenzdruck die Gründung einer Genossenschaft. Sehr früh war das in der Geschichte der deutschen Winzergenossenschaften. Und sehr erfolgreich: Bis heute zählt der Winzerkeller zu den bekanntesten Betrieben in Deutschland, heimst regelmäßig Preise und Auszeichnungen ein und wurde als „Bester badischer Weinerzeuger" von der DLG ausgezeichnet. Das Mysterium des schönen Burgfräuleins, das seine dunkle Seite auf dem Dasenstein, einem Fels hoch über dem klimatisch begünstigten Achertal, ausagierte, lebt als – mal diabolisch-hexiges, mal elegisch-elegantes – Motiv auf den Etiketten und im Namen fort. Hex vom Dasenstein steht für höchste Qualität. Die 180 Hektar rund um das Winzerdorf werden heute von 100 Winzerfamilien bestellt.

Dass es heute nicht mehr reicht, „nur gut" zu sein, das hat Marco Köninger von der Pike auf erfahren: Sein Elternhaus, seine fundierte Ausbildung und seine Vorgänger haben ihm Wurzeln verliehen und Flügel hinterlassen. Zu treuen Händen und kreativem Geist: „Fortsetzen und erhalten", lautet die Devise des jungen Geschäftsführers. Schon als

Kind wusste Marco Köninger: „Ich geh' zur Hex." Aus einer Winzerfamilie stammend und von jeher geprägt vom Wein, gab es nie Zweifel an seiner Berufung, die er konsequent zum Beruf gemacht hat. Nach dem Studium der Oenologie und Auslands-Aufenthalten war Köninger bereits mit 29 Jahren Kellermeister im Winzerkeller, seit 2012 ist er ihr Geschäftsführer.

Die Lese der Trauben erfolgt schonend und in aufwändiger Handarbeit: „Bei uns landet nur bestes Traubengut in den Fässern", sagt Köninger, der zusammen mit seinem Kellermeister Alexander Spinner nur gesunde Trauben,

die schonend, in aufwändiger Handarbeit verlesen und aufmerksam sortiert wurden, in die traditionelle Maischegärung gibt. Der Spätburgunder Rotwein lagert ausschließlich in Holzfässern, besondere Kostbarkeiten im Barrique.

Zahlreiche stimmungsvolle Räume lassen unterschiedlichste Formate der Weindegustation zu und bringen Einheimische und Touristen beim Wein zusammen. Von der Dachterrasse schaut man direkt zum namensgebenden, imposant inmitten der Reben aufragenden Dasenstein. Diesen kann man entlang eines kurzweiligen Weinlehrpfads – mit oder ohne Sagenführung – erklimmen, um von dort bis über die Weinebene und das Straßburger Münster zu den Vogesen zu blicken.

Winzerkeller Hex vom Dasenstein eG
Marco Köninger – Geschäftsführender Vorstand
Burgunderplatz 1 | 77876 Kappelrodeck
Tel. +49 78 42/9 93 80
E-Mail: info@dasenstein.de
www.dasenstein.de

VILLA HEYNBURG

VILLA HEYNBURG
CHARDONNAY
TROCKEN
VILLA HEYNBURG
2009 SPÄTBURGUNDER
TROCKEN
VILLA HEYNBURG
FREISTIL
ROT

Stolze Vergangenheit, großartige Zukunft

Weingut Villa Heynburg

In der Villa Heynburg liegen Vergangenheit und Zukunft des Weinbaus in Kappelrodeck. Seit 2008 wird die Identifikation mit der Vergangenheit in der großen alten Tradition der Herren von Rodeck im Weingut Villa Heynburg, einer hundertprozentigen Tochter des Winzerkellers, neu buchstabiert: Qualität statt Quantität!

Auf 9 Hektar wachsen in ausgesuchten Parzellen und Steillagen auf Granitverwitterungsgestein, Löss-, Lehm- und Buntsandsteinböden die großen Weine des Weinguts, dessen Wiederbelebung auf Anhieb von Erfolg gekrönt war. Ein gutes Omen für die Krone aus dem Familienwappen auf dem Etikett der edlen Weine! Wurden im ersten Jahr ausschließlich Weißweine auf den Markt gebracht, kamen im zweiten Jahr die sortenreinen holzfassgereiften Rotweine hinzu – und wurden sogleich in die „Weinbibel" Gault-Millau aufgenommen. Zwei Jahre später folgte die Prämierung mit zwei Trauben. 2014 wurde das Weingut Villa Heynburg als „Bester Rotweinbetrieb in der Ortenau" ausgezeichnet.

Dass hier wieder zusammenfindet, was schon früher zusammengehörte, ist für Geschäftsführer Marco Köninger sonnenklar: „Mit dem Weingut Villa Heynburg erschließen wir uns ein weiteres Kundenpotenzial: Durch die Konzentration auf erstklassige Selektionslagen mit alten gehaltvollen Reben, erstklassiger Handarbeit, eine straffe Sortenstruktur mit Ertragsreduzierung und einem klaren Qualitäts-Konzept sind wir hochgeschätzte Partner für den Wein-Fachhandel und die Gastronomie." Doch auch Privatkunden haben einen hohen Anteil am Erfolg der charaktervollen Weine, die mittlerweile international hoch geachtet und anerkannt sind. Besonders der asiatische Markt ist begeistert von den edlen Tropfen aus Südbaden.

Bei den Weißweinen geben Weißburgunder, Grauburgunder, Rivaner, Riesling, Chardonnay und Gewürztraminer eine beachtliche Sortenvielfalt. Unter dem Namen „Freistil" machen Cuvées aus hochwertigen Rebsorten gerade beim jüngeren Publikum Furore. Die Rotweine haben Zeit zu reifen: Über eineinhalb Jahre ruhen sie im Barrique. Herausragend ist die Rarität St. Laurent, eine alte, zu Unrecht fast vergessene Sorte, die mit ihrem feinen Bouquet besticht. „Visionär" nannte der Gault Millau 2013 das „Projekt" Villa Heynburg. Aus der Vision ist lebendige Realität mit goldener Perspektive geworden.

Weingut Villa Heynburg GmbH
Burgunderplatz 3 | 77876 Kappelrodeck
Tel. +49 78 42/9 96 75 00
E-Mail: info@villa-heynburg.de
www.villa-heynburg.de

Emil Scheibel Schwarzwald-Brennerei

Edle Brände erleben

Der Scheibel-Weg war noch nie ein ausgetretener Pfad. Dieses Familien-Motto beherzigt Michael Scheibel, der die Brennerei Scheibel heute in dritter Generation führt, Tag für Tag. Und er erfindet den Obstbrand immer wieder neu, wobei traditionelle Brennweisheiten und handwerkliches Können bewahrt werden.

Seit 1921 widmet sich die Familie Scheibel der Kreation edler Obstbrände, die man nicht nur schmecken, sondern wahrlich erleben kann. In zwei unterschiedlichen Brennanlagen werden einzigartige Destillate produziert, zum Großteil aus Früchten aus der Region Baden. Michael Scheibel, Inhaber der Brennerei, fasst es mit einem Satz zusammen: „Ich gebe die Frucht veredelt zurück." Dass dies jedoch echte (Geistes-)Kunst ist, kann man sehen, schmecken, riechen und erleben. „Wir brennen aus Leidenschaft! Wofür brennen Sie?"

Alte Zeit – Destillation über Feuer

Als Ode an das wunderschöne und alte Handwerk der traditionellen Brennkunst wurde die Anlage „Alte Zeit" in der Scheibel-Brennerei originalgetreu nachgebaut. In kleinen, 320 Liter fassenden Backstein-Brennblasen wird wie vor hundert Jahren noch über offenem Feuer destilliert. Damit ist Scheibel die einzige gewerbliche Brennerei in Deutschland, die noch auf diese Weise Edelbrände herstellt. Die Früchte werden im Doppelbrennverfahren,

das bis zu zehn Stunden dauert, schonend verarbeitet und haben somit alle Zeit der Welt, ihre Aromen zu entfalten. Gutes braucht Zeit.

Neue Zeit – Destillation über Gold

Modernste Technik und höchste Präzision liefert die Brennanlage „Neue Zeit". Hier ist so manches Gold, was glänzt. „Innovationsfähigkeit und Dynamik spiegeln sich nicht nur in unseren Produkten wider, sondern auch in der Anwendung modernster Techniken und Verfahren. Herzstück unserer eigens für Scheibel entworfenen Brennanlage sind die eingelegten Goldplatten. Da kleinste Temperaturunterschiede großen Einfluss auf das Destillat haben, nutzen wir hochmoderne Steuerungssysteme, um mit genauen Abstimmungen beste Qualitäten zu erzeugen. Zukunft beginnt hier."

Mehr als ein Digestif

Die große Aromenvielfalt macht Edelbrände zu perfekten Menübegleitern:

Aperitif
Scheibels Paradies Weichsel-Sauerkirsch

Vorspeise
Gebeizter Lachs mit mariniertem Frühlingsgemüse
Scheibels Premium Wilde Schlehe

Suppe
Badische Kartoffel-Brotsuppe mit Wodka
Scheibels it's woodka – Prime Vodka

Hauptgang
Badisches Ochsenfleisch mit Meerrettichsößle,
Salzkartoffeln mit süß-sauren Zwetschgen
Scheibels Premium Altes Pflümle

Dessert
Badische Rahmkäsknödel mit Vanilleeis
und Haselnusskrokant
Scheibels Edles Fass 350 Haselnuss

Digestif
Scheibels Alte Zeit
Wildhimbeer-Brand
und Alte Zeit
Apricot-Brandy

Emil Scheibel Schwarzwald-Brennerei GmbH
Grüner Winkel 32 | 77876 Kappelrodeck
Tel. +49 78 42/94 98-0
Fax +49 78 42/94 98-94
E-Mail: info@scheibel-brennerei.de
www.brennerei-scheibel.de

Obstbaumblüte in der Ortenau

Einblick, Ausblick, Weitblick

Alde Gott Winzer Schwarzwald eG

Eingebettet in üppiges Grün unterschiedlichster Schattierungen zählt das Fachwerkdorf Sasbachwalden zu den begehrtesten Zielen in der Ortenau. Der Ort ist umschlossen von Reben, die auf Granit- und Sandsteinverwitterungsböden in vielen Sonnenstunden und bei optimalen Niederschlagsmengen zu sortenreinen Weinen für jeden Geschmack reifen. Nirgends sonst sind sich Weinberge, Wiesen, Wälder und Wasserfälle so nah, erfreuen gewachsene und gepflegte Anwesen das Auge des Gastes. Der heilklimatische Kurort verkörpert also in Reinform, was man mit dem Schwarzwald verbindet: natürliche Gastlichkeit auf hohem Niveau. Dass sich diese traditionellen Werte durchaus zeitgemäß vermitteln lassen, um die Kulturlandschaft zu erhalten, das haben die Winzer und Edelbrenner vom Alde Gott verstanden: Seit Frühjahr 2016 gehen sie in ihrer fast 70 Jahre alten Gemeinschaft neue Wege. Die authentische Traditionsmarke besinnt sich auf ihren Ursprung und stellt die Produkt-Herkunft in den Mittelpunkt. Die neuen Qualitätsbezeichnungen der konsequent durch alle Sorten geführten Linie machen es dem Kunden leicht, sich zu orientieren. Von der Einstiegsserie für jeden Tag – „Einblick" – über die gehobene – „Ausblick" – bis zu den im Barrique-Fass ausgebauten „Weitblick"-Weinen für Kenner ist für jeden etwas geboten. Unter der Bezeichnung „Creatiwi" haben 15 Jungwinzer innerhalb der Gemeinschaft einer eingetragenen Genossenschaft eigene Handlungsfreiheit gewonnen.

Zu der 1948 gegründeten Winzergenossenschaft am Ortseingang zählen heute 374 angeschlossene Winzer, die auf einer ertragsreduzierten und damit streng qualitätsorientierten Rebfläche von 264 Hektar die Weine der Burgunderfamilie – Spät-, Grau-, Weißburgunder – sowie Riesling, Müller-Thurgau, Gewürztraminer, Chardonnay und Sauvignon Blanc an- und in den Holzfässern und Edelstahltanks der Genossenschaft ausbauen.

Regelmäßige „Weinerlebnisse" sensibilisieren die Kehlen und Gaumen der Gäste von nah und fern: Weinproben mit Betriebsführung und themenorientierte Tastings werden ergänzt durch Weinseminare und Weinwanderungen rund um Sasbachwalden. Der „Weinfeierabend" verbindet in den Sommermonaten das Thema Schwarzwald mit kulinarischen Angeboten. Der Wohnmobilplatz direkt hinter dem Gelände der Genossenschaft erschließt eine neue Kundschaft, die Weltoffenheit mit regionalem Genuss verbindet.

v. l. n. r. Michael Huber, Kellermeister, Günter Lehmann, geschäftsführender Vorstand

Alde Gott Winzer Schwarzwald eG
Talstraße 2 | 77887 Sasbachwalden
Tel. +49 78 41/20 29 0
E-Mail: info@aldegott.de
www.aldegott.de

Erfüllendes Erlebnis

Hotel Restaurant Jägersteig

Man kann den allgemeinen Verlust an Gemächlichkeit und Muße beklagen. Oder man sucht sich Nischen, in denen diese Qualitäten – kombiniert mit aufmerksamer Gastlichkeit – authentisch gelebt werden. Was geht über den Genuss des Genießens, des Verwöhntwerdens und wirklich freier Zeit? Das Jägersteig ist eine solche Nische. „Innovation statt Revolution" ist das Motto von Peter Leppert, der den Betrieb 1993 von seinen Eltern übernommen hat: Drinnen gewachsene, behutsam modernisierte Tradition, draußen ein grandioser Panoramablick über die Reben, den Rhein, bis ins Elsass. Vielleicht gönnt man sich ja die Zeit, den Sonnenuntergang bei einem der Geschmackserlebnisse auf dem Teller mit passenden Weinen zu genießen, um sich danach in eines der komfortablen Betten der 12 ästhetisch ausgestatteten Hotelzimmer sinken zu lassen – nicht ohne zuvor mit Hilfe der originellen „Weinaroma"-Bilder von Armin Faber den weinseligen Genüssen nachzuspüren. Das Restaurant

wurde mehrfach von den Weinbauverbänden Baden und Württemberg sowie dem Gaststättenverband DEHOGA als „Haus des baden-württembergischen Weines“ ausgezeichnet.

Mit der Gegend und ihren hochwertigen Produkten, ergänzt durch mediterrane Einflüsse und viel Grün, lebt und kocht der leidenschaftliche Gastgeber und Küchenchef von jeher. Die individuelle Beratung des Gastes ist Peter Leppert mit seinem Team ein Herzensanliegen und aufmerksamer Service spielt die Hauptrolle: „Wer hierherkommt, soll sich emotional zu Hause fühlen“, beschreibt der weitgereiste Fan solider, zeitgemäß interpretierter Kochkunst seine Präferenz: „Lebensgefühl, das zu einem erfüllenden Erlebnis wird.“ Dieses Lebensgefühl vermittelt der Vater von sechs Kindern nicht nur hier, bei der Ausbildung von Jungköchen, Hotel- und Restaurantfachleuten im eigenen Betrieb, sondern auch extern, als Vorsitzender des Prüfungsausschusses der IHK Karlsruhe für Köche und Küchenmeister sowie als freier Dozent an der Meisterschule.

Eingebettet in die Reblandschaft der Vorgebirgszone ist das Hotel Restaurant Jägersteig seit Juni 2016 einer der Einkehrorte auf der „Kappler Genusstour“, mit der fünf Gastronomen eine besondere Attraktion gelungen ist: Ein Panoramarundweg führt auf 9 angenehmen Kilometern vom Ortskern Bühl-Kappelwindeck durch Streuobstwiesen, Reben und Wald bis zur Burgruine Alt-Windeck und zurück.

Hotel Restaurant „Café Jägersteig“
Peter Leppert
Kappelwindeckstraße 95a | 77815 Bühl
Tel. +49 7223/985 90
E-Mail: leppert@jaegersteig.de
www.jaegersteig.de

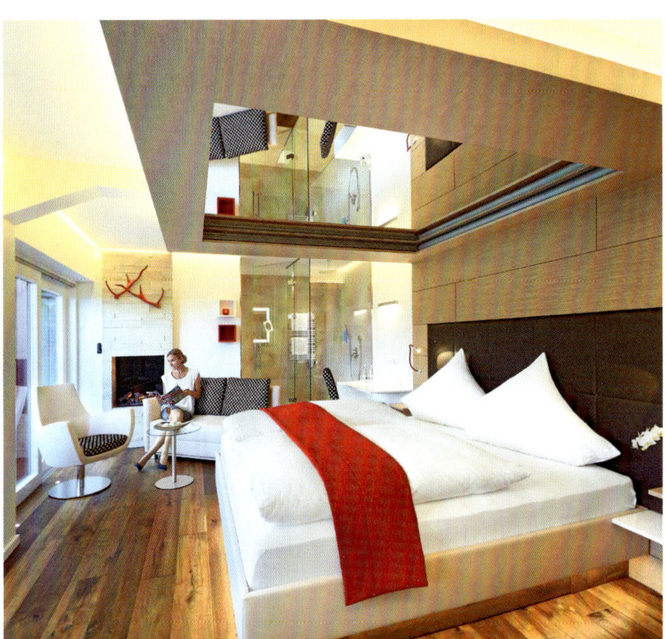

Tiefgründig, vielschichtig, biodynamisch

Weingut Duijn & Vinotheka

Der Pinot Noir, sagt er, sei sein Leben, er selbst ein „konsequenter Qualitätsfanatiker". Ein Leben für den Wein, seinen Anbau, Ausbau, Verkauf und Genuss. Nicht „normal", sondern biodynamisch und nach den Prinzipien von Rudolf Steiner, Hildegard von Bingen und Maria Thun. Und nach dem Mondkalender.

Jacob Duijn ist Seiteneinsteiger und Querdenker aus Prinzip und aus Lust am Anderssein und Andersmachen. Das kann er sich leisten, denn der Erfolg gibt dem Liebhaber konsequenter Naturnähe recht: 2005 wurde er vom Eichelmann-Verlag für die beste Rotweinkollektion zum „Winzer des Jahres gekürt".

Erst 1994 war der gebürtige Holländer aus seinem bisherigen Leben als Sommelier ausgestiegen, hatte der Gastronomie und dem Weinhandel den Rücken gekehrt, hatte sich in den Süden zurückgezogen, um das gerade erworbene Weingut in Bühlertal zu bewirtschaften. Selbst und ständig, alleine und akribisch. Wer Jacob Duijn – dessen niederländischen Namen man wie „Deun" ausspricht – zuhört, bekommt zumindest den Deut einer Ahnung davon, was Passion bedeutet. Viel mehr als Leidenschaft ist das.

Es ist auch Besessenheit von einem Thema, Mehr-wissen-und-immer-tiefer-einsteigen-wollen. Nicht umsonst führte dieser Wissensdurst und Erfahrungshunger zu der Erkenntnis: Es kann nicht sein, dass ein lebendiger Organismus wie eine Rebe mit anorganischen Stoffen traktiert wird, um mehr Ertrag zu liefern. Es muss auch anders gehen. Mit und nicht gegen die Natur. Das Resultat ist Qualität statt Quantität und der Ausbau von genau zwei Weinen, die Duijn „nur in guten großen Jahrgängen" abfüllt: den „Pinot Noir Jannin" und den „Pinot Noir SD", wobei SD für Sélection Duijn steht. Nicht mehr als 25 Hektoliter pro Hektar der Steillage Bühlertaler Engelsfelsen, ohne Maschinen bewirtschaftet, im offenen Holzbottich. Was andere davon halten, ob sie seine Methoden für „esoterisch" oder sonstwie gesponnen halten, das interessiert Jacob Duijn nicht. Eine Haltung, die ihn immun macht gegenüber Trends und Moden. Und nachhaltig erfolgreich in Weinbau, im Weinhandel in 27 Ländern der Erde und in seiner Vinothek et cetera, in der neue und alte Weinfreunde zum Einkauf, zur Weinprobe mit Tischlein-deck-dich, Beratungen und Seminaren willkommen sind.

Jacob Duijn
Erlenstraße 38 | 77815 Bühl
Tel. +49 172/6 24 01 82
E-Mail: info@weingut-duijn.com
www.weingut-duijn.com

Die Badische Spargelstraße
Kulinarischer Genuss auf Radwegen

Die Rheinebene ist besonders beliebt für Touren mit dem Fahrrad. Dabei hat die Badische Spargelstraße besonders während der Spargelsaison auch für Fahrradtouristen ihre Hochsaison. Am besten startet man seine Fahrradtour in der berühmten Spargelstadt Schwetzingen, um weiter nach Reilingen und Baden-Baden bis nach Scherzingen zu fahren. Es lohnt sich, bei Spargelbauern entlang der vielen Felder einzukehren, um direkt ab Hof das königliche Gemüse frisch für den eigenen Herd zu kaufen. Aber es ist natürlich auch zu empfehlen, in einem der vielen Gasthäuser entlang der beliebten Fahrradroute einen Halt einzulegen, um sich kulinarisch verwöhnen zu lassen. Frischer Spargel schmeckt hier einfach immer, egal ob mit Butter oder Sauce Hollandaise verfeinert. Klassisch ist die badische Art mit Pfannkuchen und Schinken.

Tipp:
In der Freiburger Gegend, am Kaiserstuhl und im Markgräflerland gehört Kratzete einfach zu einer festlichen Spargelmahlzeit, dazu reicht man noch einen milden Schinken.

Für diejenigen, die den beim Bauern am Feld erworbenen frischen Spargel zu Hause mal etwas anders verarbeiten möchten, bietet sich als Abwechslung die Spargeltorte an, die leicht und schnell selbst zuzubereiten ist.

Spargeltorte

Zutaten:
250 g Toastbrot
50 g Butter
1 kg weißer frischer Spargel
200 g Frühstücksspeck
4 Eier
250 ml süße Sahne
3 EL geriebener Emmentaler
Salz, Pfeffer

Zubereitung:
Vom Toastbrot die Rinde entfernen und eine flache Kuchenform damit auslegen. Geschälten Spargel in siedendem Wasser 15–20 Minuten knackig garen und die Spargelstangen sternförmig auf dem Toastbrot anordnen. Fein gewürfelten Frühstücksspeck in Butter anrösten und mit der Butter über Spargel und Toastbrot geben. Eier und Sahne verquirlen, den Käse unterrühren, mit Salz und Pfeffer würzen und über den Spargel gießen. Im vorgeheizten Backofen bei 200 °C ca. 15 Minuten überbacken. Heiß oder kalt servieren.

Zu Gast bei Freunden

Zum Rössel in Scherzheim

Auf dem Weg von Baden-Baden nach Straßburg entlang der Badischen Spargelstraße sollte man im schönen Fachwerkdorf Scherzheim einen Halt einlegen, um sich kulinarisch im Gasthaus Rössel verwöhnen zu lassen. Das Rössel, dessen Wurzeln bis ins 18. Jahrhundert zurückreichen, ist seit 1941 im Besitz der Familie und wird heute in dritter Generation von Sabine Altseimer geleitet, die seit dem viel zu frühen Tod ihres Ehemannes Holger im Jahre 2012 das Rössel liebevoll, mutig und zukunftsorientiert fortführt. Unterstützt wird sie dabei von ihrem Schwager und Küchenchef Jörg Altseimer.

Die Küche ist saisonal-regional geprägt. Alles, was die fruchtbare Region des Hanauerlandes hervorbringt, wird hier gekonnt und sehr schmackhaft verarbeitet und dem Gast serviert. So ist das Rössel im Frühjahr mit wunderbaren Spargelgerichten auf der Terrasse ebenso eine kulinarische Reise wert wie im Herbst zur Wildbret-Zeit.

Das Rössel ist bekannt für seine familiäre Atmosphäre. Oft mehrere Generationen blicken hier auf gesellige Familienfeiern zurück. Aber auch Essen zu zweit, mit Freunden oder Geschäftspartnern sind sehr beliebt.

So ist es kaum verwunderlich, dass manch ein Gast regelmäßig von weit her kommt, um in Scherzheim ungezwungen und fernab der täglichen Routine einen schönen kulinarischen Abend, die Ruhe und das fantastische Frühstück am Morgen zu genießen.

Denn hier ist man zu Gast bei Freunden!

Gasthaus zum Rössel
Hotel-Restaurant
Familie Altseimer
Rösselstraße 6 | 77839 Lichtenau-Scherzheim
Tel. +49 72 27/95 95-0
Fax +49 72 27/95 95 50
E-Mail: roessel-scherzheim@t-online.de
www.roessel-scherzheim.de

„Hier stimmt alles!“

Das Weingut Schloss Neuweier

Das Schloss Neuweier, eine der wenigen gut erhaltenen Tiefburgen in Baden, stammt aus dem 12. Jahrhundert und beherbergt neben dem traditionsreichen Weingut auch ein Restaurant mit einem Michelin-Stern und ein Hotel. Der weitgereiste und erfahrene Diplom-Önologe Robert Schätzle hat hier die idealen Voraussetzungen gefunden, um seine Philosophie von lagentypischen Weinen zu verwirklichen. Seine frischen filigranen Spitzengewächse lassen die Leidenschaft erkennen, mit der der Winzer seinen Betrieb führt. Das Weingut Schloss Neuweier, Mitglied im Verband deutscher Prädikatsweingüter, bietet eine auserlesene Palette an exzellenten Weinen aus den Spitzenlagen Neuweierer Schlossberg, Goldenes Loch und Mauerberg. Bei allen drei Weinberglagen handelt es sich um Steillagen mit einer

einzigartigen Bodenstruktur und exponierter Südlage. International bekannt ist insbesondere der Neuweierer Mauerberg mit seinen schmalen Terrassen und den Jahrhunderte alten Trockenmauern. Die schmalen Terrassen lassen lediglich Platz für ein bis zwei Rebzeilen. Die mannshohen Stützmauern aus Naturstein speichern die Wärme und tragen ebenso wie die tagsüber vorherrschenden Steigwinde aus der Rheinebene und die abendlichen Fallwinde aus dem Schwarzwald zu dem ganz besonderen Mikroklima dieser Lagen bei. Die Auflage bei allen drei Weinberglagen besteht aus Granitverwitterungsgestein (ca. 27 % Feldspat), glimmerreichen Schiefertonen und aufgrund der großen Nähe zum frühen Vulkan Yburg, stehen auch große Mengen Quarzporphyr oberflächlich an. Dem wohl bekanntesten französischen Bodenbiologen für Weinbergböden, Claude Bourguignon, waren diese Voraussetzungen immerhin die Bemerkung wert: „Hier stimmt alles".

Auf den schlosseigenen 15 Hektar dominiert der Riesling; daneben werden Weißburgunder, Spätburgunder, Gewürztraminer, Chardonnay und Sauvignon Blanc gelesen, die im historischen Keller aus dem Jahr 1610 behutsam – nach dem im Torbogen des Schlosses eingemeißelten Motto „Zeyt bringt Rosen" – ausgebaut werden. Besonders die alten Rebstöcke haben es Robert Schätzle und seinem Team angetan: Durch strenge Selektion werden feingliedrig-frische Weine mit einer spürbaren Mineralität und einem enormen Fruchtspektrum ausgebaut. Die Differenzierung in Gutswein, Ortswein, Erste Lage und Große Lage entspricht der VDP-Klassifizierung.

Besucher können die Weine direkt im Weingut verkosten.

Weingut Schloss Neuweier
Mauerbergstraße 21 | 76534 Baden-Baden-Neuweier
Tel.: +49 72 23/9 66 70
kontakt@weingut-schloss-neuweier.de
www.weingut-schloss-neuweier.de

„Man kann viel gestalten“

Die Baden-Badener Winzergenossenschaft

Ich bin drei Winzergenossenschaften – das könnte der Untertitel sein. Denn hier ist eine Fusion der Winzergenossenschaften Varnhalt, Steinbach und Neuweier zur Baden-Badener Winzergenossenschaft mit Sitz in Neuweier gelungen. Mehrere Generationen Winzer haben seit den 1920er-Jahren ihre Trauben in die Genossenschaft ihres jeweiligen Heimatorts gebracht, seit 2012 bescheren insgesamt 650 Mitglieder – überwiegend Nebenerwerbswinzer – der WG in der nördlichen Ortenau nun jährlich 1,2 Millionen Liter der Sorten Riesling, Spätburgunder, Weiß- und Grauburgunder, Regent, Traminer und Chardonnay. Die Lagen Mauerberg, Altenberg, Stich den Buben und Affentaler garantieren Weine höchster Qualität durch sorgfältige Pflege in den Reben und im Keller. Auch Spezialitäten hat das Weinbaugebiet der Kurstadt im Rebland zu bieten: Im charakteristischen Bocksbeutel werden Weine der historischen Lage Stich den Buben, eine der ältesten Weinlagen Deutschlands, angeboten, Affentaler Spätburgunder Rotweine, Sekte, Seccos und neuerdings auch aromatisierte Seccos gehören ebenfalls zum begehrten Sortiment.

Thomas Goth ist seit 20 Jahren Chef der WG und damit einer der maßgeblichen Architekten und Regisseure der neuen Struktur. Einer Struktur, die natürlich nicht ohne Reibung zustande kam – wie immer, wenn ein Wandel

stattfindet und sich ein Unternehmen neu ausrichten muss. „Man kann viel gestalten“, kommentiert Goth, der Veränderungen als Chance begreift und den Generationenwechsel auch von einem Imagewechsel begleitet sieht: Ohne „das wichtigste Verkaufsargument, die Qualität“, aus den Augen zu verlieren, dürfe eine Winzergenossenschaft nicht nur in der Tradition verharren, sondern müsse neue Wege gehen. Vor allem das Bewusstsein für die große Leistung der Winzer, die Natur zu pflegen und damit die Kulturlandschaft zu erhalten, müsse den Besuchern vermittelt werden. Das gelingt mit touristischen Veranstaltungen wie Segway-Touren in die Weinberge und Konzerten im Winzerkeller ebenso wie mit Betriebsbesichtigungen und Weinproben. „Kommt mal zu uns, guckt uns an, dann bekommt ihr ein komplett anderes Bild.“ Eine solche Einladung können die Mitarbeiter praktisch täglich aussprechen: Die Tourist-Info residiert in der WG – und so verbindet sich das Informative mit dem Genießerischen: 25 Prozent des Umsatzes macht die Baden-Badener Winzergenossenschaft im Direktverkauf. Sieh, das Gute liegt so nah …

Baden-Badener Winzergenossenschaft eG
Mauerbergstr. 32 | 76534 Baden-Baden-Neuweier
Tel. +49 7223/96 87-0
E-Mail: info@baden-badener-wg.de
www.baden-badener-wg.de

Panoramablick auf Baden-Baden mit Merkurberg

Neue Schätze aus Baden

Weingut Sven Nieger

Fachkenntnis, Begeisterung und Leidenschaft: Wo diese Komponenten sich treffen, bleibt der Erfolg nicht aus. Noch dazu, wenn man – wie Sven Nieger – sich vor der Selbstständigkeit bereits ausgiebig in der Weinwelt umgeschaut hat. Und zwar international, bis er denjenigen traf, der für ihn zum Mentor und Impulsgeber der Selbstständigkeit wurde: Nach Praktikums-, Lehr- und Wanderjahren, einem Studium der Önologie, weiteren Auslandsaufenthalten in Österreich und Neuseeland landete der aus einer Nicht-Winzer-Familie stammende Diplom-Ingenieur für Önologie und Weinbau bei Peter Siener im pfälzischen Landau, wo er seine Kenntnisse in der Praxis perfektionierte. Schon immer sei das eigene Weingut sein Ziel gewesen, sagt Sven Nieger. „Die Qualität wächst im Weinberg", weiß der junge Familienvater, der in seinen Lagen Klosterbergfelsen und Mauerberg vor allem auf Riesling und Spätburgunder setzt. Neu hinzukommen gerade Weißburgunder, Chardonnay und Chenin Blanc. Aus den ursprünglich 0,25 Hektar sind jetzt bereits acht Hektar geworden.

Gemeinsam mit seiner Familie wohnt Sven Nieger seit 2012 in Varnhalt, einem Weinort im Rebland südlich von Baden-Baden, seit 2013 lebt er vom Weinbau, hat eigene Tanks und Kühlung installiert, arbeitet im Keller allein und in den Reben mit Saisonkräften. Die Vermarktung der geradlinig-filigranen Weine betreibt der Winzer ebenfalls selbst. Bereits nach kurzer Zeit war er bundesweit in der Spitzengastronomie vertreten, seine Weine werden von den Gästen angesagter Restaurants in Frankfurt und München geschätzt. Auch erste Lorbeeren konnte der junge Winzer schon sammeln: Der „Fallstaff“ nominierte ihn 2015 zum Newcomer des Jahres, im Fachmagazin „Vinum“ wurde er als einer der 25 talentiertesten Winzer 2015 vorgestellt und der Wein-Guide Eichelmann listet ihn als „sehr gutes Weingut“. So viel verdientes Lob verschafft Rückenwind: „Das hat mir Luft unter die Flügel gebracht“, bestätigt Sven Nieger lachend. Und Mut zum internationalen Auftritt: Erste Exporte in die Schweiz und nach Asien gab es bereits. Wer sich vor Ort von der authentischen Qualität überzeugen möchte, der kann eine fachkundige Rebbegehung mit Sven Nieger vereinbaren. Eine anschließende Weinprobe der „neuen Schätze aus Baden“ ist Ehrensache.

Weingut Sven Nieger
Gartenstraße 21 | 76534 Baden-Baden/Varnhalt
Tel. +49 72 23/2 83 77 95
E-Mail: info@sven-nieger.de
www.sven-nieger.de

Rundum sorglos genießen

Ehemaliges Weingut Eckberg by Kitchen & Soul

Mit ihrem frischen und zuverlässigen Catering-Service „Kitchen & Soul“ waren Judith und Julien Gertz zusammen mit Freund Julian Schmitt bereits seit vielen Jahren erfolgreich, als ihnen der ideale Ort für die eigene Location angeboten wurde: Die legendären Eckbergstuben im Grüngürtel der Oststadt Baden-Badens boten das gesuchte Ambiente für die Verwirklichung der gemeinsamen Träume. Nur einige Fahrminuten von der Innenstadt Baden-Badens entfernt, kann man hier seit Juli 2016 entspannt und rundum gut begleitet feiern. „Endlich haben wir unsere Basis gefunden“, freut sich Judith Gertz. Nach dem Erwerb der beliebten, jedoch jahrelang leerstehenden Ausflugsgaststätte gab es viel zu tun: Die Räume wurden entkernt und von ihrer 70er-Jahre-Düsternis befreit, die Front mit großen Glasflächen ausgestattet und das ganze Anwesen modernisiert. Eine neue Küche musste her und eine zeitgemäße Logistik für die Bewirtung. Entstanden ist ein großer heller Raum mit flexibler Möblierung, die dem jeweiligen Anlass entsprechend gruppiert werden kann. Allein der große Kachelofen erinnert an die frühere Nutzung und ist nach wie vor ein Schmuckstück, an dem man sich in der kalten Jahreszeit gerne aufhält.

Neben der Vermietung zu diversen Anlässen – mit dem bewährten Catering von „Kitchen & Soul“ oder eigener Organisation – lädt das Lokal an Sonntagen als Vesperstube zur Stärkung bei regionalen Spezialitäten, Erfrischungen und Wein-Entdeckungen befreundeter Winzer nach dem Ausflug oder der Wanderung in der herrlichen umgebenden Natur ein. Wer übernachten möchte, kann sich in der

Ferienwohnung der Gertz' oder in umliegenden Ferienwohnungen einquartieren. Im angeschlossenen Shop können die Gäste ihre Erinnerungen erwerben und mit nach Hause nehmen.

Nach wie vor bietet „Kitchen & Soul" als Kernkompetenz das bewährte Catering nach individuellem Wunsch für bis zu 500 Personen in jeder gewünschten Location an. Ob Firmenfeier, Hochzeit, Gartenfest oder Dinner: „Kitchen & Soul" organisiert das Fest von A bis Z. Leidenschaft, Motivation und Transparenz nennt das junge Team als Basis für diesen Rundum-Sorglos-Service, der sich schmecken lässt. Regionalität und Nachhaltigkeit spielen dabei eine zentrale Rolle: „Qualität auf ganzer Linie ist unser höchstes Gebot! Unsere Kunden wissen ihre Veranstaltung in zuverlässigen Händen, weil wir individuell auf alle Wünsche eingehen", bestätigt Julien Gertz.

Ehemaliges Weingut Eckberg
by Kitchen & Soul GmbH
Eckhöfe 12 | 76534 Baden-Baden
Tel. +49 176/66 86 61 71
info@kitchenandsoul.de
www.kitchenandsoul.de

Hotel Gasthof Sternen in Staufenberg

Mehr als ein Jahrhundert badische Gastlichkeit

Bereits im Jahre 1824 wurde das Haus im Oberdorf direkt an der Straße gebaut. Vor 1895 wurde es schon als eine Dorfwirtschaft vom Wirt Georg Nagel betrieben.

Ferdinand Ulrich, der Urgroßvater des heutigen Besitzers war von Beruf Steinmetz und als Handwerker auf der Wanderschaft. Er hatte zusammen mit anderen Staufenbergern Arbeit als Steinhauer am Straßburger Münster gefunden. Ein Kollege der das Heimatdorf besucht hatte, brachte ihm die Nachricht, dass der Wirt Georg Nagel den „Sternen" verkaufen wollte. Das war für Ferdinand Ulrich die Nachricht. Nie mehr auf Wanderschaft gehen zu müssen. Heimatverbunden wie er war, wollte er in Staufenberg bleiben und dort eine Familie gründen. Er reiste aus Straßburg ab. Am 16. Oktober 1895 waren Georg Nagel und er sich einig und Ferdinand Ulrich unterschrieb den Kaufvertrag für das Anwesen. Ab sofort war er Wirt auf dem „Sternen" und das mit Leib und Seele. Handwerker wie er war, begann er sofort das Haus umzubauen.

Nach fast 40 Jahren Wirteleben wollten Ferdinand und Emma Ulrich den Ruhestand genießen. Die Nachfolge war bereits geregelt. Sohn Karl war von Beruf Mezger und hatte 1934 seine Gretel geheiratet, die von Beruf Köchin war. Sie wurde zur Institution in Staufenberg und man nannte sie „das Gretchen vom Sternen". Das Einkommen aus der Wirtschaft reichte natürlich nicht aus, um die Familie zu ernähren und so wurde nebenbei noch fleißig Land- und Forstwirtschaft betrieben. Eine kleine Tankstelle vor dem Haus kam in den 60er-Jahren hinzu. Im „Sternen" gab es auch eine Metzgerei, im Keller reichlich Most und Karl Ulrich verstand sich auf das Schnapsbrennen.

Im „Sternen" stand 1971 die nächste Generation parat, um das Haus weiter zu führen. Karl-Willi, genannt Charly, hatte seine Kochlehre im legendären „Adler" in Rastatt absolviert. Seine Frau Bärbel kannte den „Sternen" von Kindesbeinen an. Beide waren auf die neue Aufgabe bestens vorbereitet

und übernahmen mit viel Engagement das Gasthaus. Mit 17 Umbauten am Haus innerhalb von drei Jahrzehnten wurde aus dem Dorfgasthof ein moderner Gasthof mit Hotel. Im Jahr 2005 übergaben sie nach einem arbeitsreichen Leben das Anwesen an den Sohn Martin.

Geprägt durch das elterliche Unternehmen hatte er den Beruf des Kochs erlernt. Er wollte mehr und stellte an diesen Beruf hohe Ansprüche. Seine Lehre hatte er im Europäischen Hof in Baden-Baden absolviert und ging dann – ganz wie sein Urgroßvater – auf die Wanderschaft. Nur so lernt man die Feinheiten der Küche kennen. Stationen waren das Victorian in Düsseldorf unter Günter Scherrer und das Louis C. Jakob in Hamburg. Die Meisterschule bestand er dann in Hamburg als Bester seines Jahrgangs.

Das Haus heute zu beschreiben, heißt einfach schwärmen. Vor dem Betreten des Hauses grüßt von der Hauswand der stolze Ausleger. So nennt man das Wirtshausschild. Früher sollte es den Bürgern, die nicht lesen konnten, den Weg in den Gasthof weisen. Heute ist es oft ein Zeichen für gute Gastlichkeit und langjährige Familientradition.

Das Restaurant des „Sternen“ vermittelt dem Gast eine angenehme Atmosphäre. Holzdekor und Ambiente stimmen einfach und verbreiten gehobenem Landhausstil. Egal in welchem Raum und in welcher Ecke. Man sieht auf einen Blick, dass viel Wert auf Harmonie und Ausstrahlung gelegt wird. Hier kann sich Martin Ulrich absolut auf seine Frau Britta verlassen. Man muss sich hier einfach wohl fühlen. Da hat Chefin Britta Ulrich ein besonderes Augenmerk darauf. Wer gerne in elegantem Ambiente speist, der sollte in der Sternenstube Platz nehmen. Etwas uriger und sehr gemütlich ist dagegen die Weinstube, die sich für Familienfeste bis 25 Personen anbietet. Im Sommer bietet die Terrasse einen gemütlichen Aufenthalt und man hat zudem noch einen schönen Blick ins Grüne.

Auch der Hotelbereich lässt keine Wünsche offen. Das Haus bietet hochwertig ausgestattete Komfortzimmer unterschiedlicher Größe. Ganz oben unter dem Dach verbirgt sich noch ein besonderes Highlight des Hauses, das „Schwalbennest“. Mit viel Raum, einem prachtvollen Blick ins Murgtal, dazu liebevoll eingerichtet, lässt sich bestimmt ein Hochzeitstag oder ein anderer besonderer Anlass stilvoll feiern. Die hochwertige Ausstattung und die Wellness-Dampfdusche mit Farblicht-Therapie tragen zum angenehmen Aufenthalt bei.

Hotel Gasthof Sternen

Familie Ulrich

Staufenberger Straße 111 | 76593 Gernsbach-Staufenberg

Tel. +49 72 24/33 08

Fax +49 72 24/6 94 86

E-Mail: sternen.staufenberg@t-online.de

www.sternen-staufenberg.de

Künstlerische Begleitung

Weingut Angelika Vogel

Seit 1986 bewirtschaften Angelika und Gotthard Vogel ihre Rebflächen rund um die Gemeinde Sinzheim zwischen Fremersberg und Rheinebene. Bis in die 1950er Jahre lebten die Bewohner weitestgehend von Viehhaltung, Obst- und Weinbau. Danach wurden die Rebflächen durch eine Flurbereinigung Ende der 1950er Jahre von 40 auf 100 Hektar erweitert. Die Lößböden der Vorbergzone eignen sich hervorragend für den Weinanbau. Die idealen klimatischen Bedingungen begünstigen neben dem Riesling auch alle anderen Rebsorten wie Müller-Thurgau, Weiß-, Grau- und Spätburgunder

sowie Scheurebe, Muskateller, Dornfelder und Cabernet Dorsa. Das „Steckenpferd“ von Gotthard Vogel wurde von einer kleinen, selbst bewirtschafteten Rebfläche Ende der 1990er Jahre auf vier Hektar in mehreren Lagen aufgestockt. Die genannten Weine werden ergänzt durch Riesling- und Rosé-Sekte, zwei aromatisierte Perlweine („Sinzecco“ und „Rosito“) sowie Destillate wie Trester- und Weinbrand sowie Williams Christ Schnaps, Schwarzwälder Kirschwasser, Obst-, Mirabellen-, Weinhefe- und Topinambur-Schnaps sowie Traubenbrand.

Das Ehepaar bewirtschaftet seine Lagen im Nebenerwerb und genießt die Naturnähe: „Entstehendes und Vergängliches wirkt inspirierend“, bestätigt Angelika Vogel, die parallel zum Aufbau des Weinguts die Malerei für sich entdeckt hat. Erste Naturmotive in Aquarell ergänzte sie mit zunehmender Sicherheit und Erfahrung durch andere Techniken, sie experimentiert mit den Händen, Spachtel, Korken. Die Gestaltung charakteristischer Etiketten der eigenen Weine ist seit 1997 zu einem viel beachteten und gelobten Markenzeichen des Weinguts geworden. Durch Stil und Farben gelingt Angelika Vogel hier ein visueller Vorgeschmack auf die Kehlenfreude.

Direktverkauf, Versand, heimische Gastronomie, Messe, Mundpropaganda: Die Freunde der Angelika-Vogel-Weine schwören auf zuverlässige Qualität, Bodenständigkeit, Kraft und Bekömmlichkeit. Seit 1995 bietet der jährliche „Tag der offenen Tür“ im Frühjahr den Besuchern eine komplette „Leistungsschau“ der Schaffenskraft des Ehepaares in Wein und künstlerischem Ausdruck. Ein echtes Frühlingserwachen für über 30 Jahre in der Tradition des Weinbaus in Sinzheim!

Weingut Angelika Vogel
Halberstungerstraße 5 | 76547 Sinzheim
Tel. +49 72 21/8 17 60
E-Mail: weingut-vogel@t-online.de
www.weingut-vogel.de

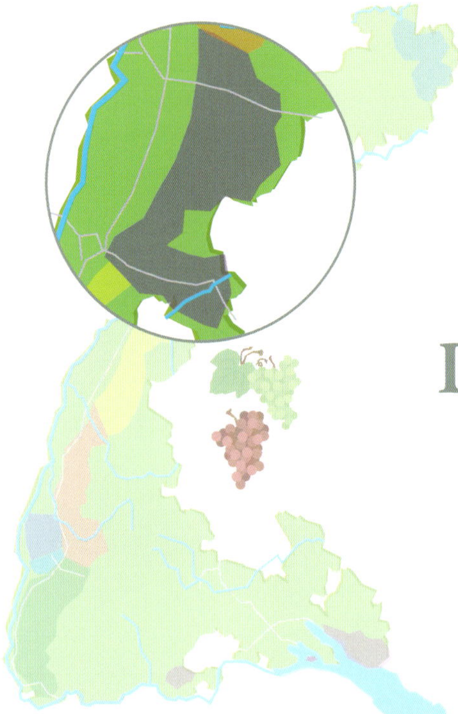

Der Kraichgau – Sanftes Wein- und Hügelland

Der Kraichgau ist eine sanfte Hügellandschaft, zwischen Odenwald und Schwarzwald gelegen. Er wird auch „Land der 1.000 Hügel" genannt. Er ist im Prinzip eine tiefe Mulde zwischen Odenwald und Schwarzwald, die sich im Tertiär vor ca. 65 Millionen Jahren bildete, als sich diese Gebirge anhoben und die heutige Oberrheinische Tiefebene bildeten. Dadurch wurde diese Region leicht bebau- und besiedelbar und zählt heute zu den ältesten Kulturräumen Europas. Vor mehr als einer halben Millionen Jahren war hier bereits der *Homo heidelbergensis* ansässig.

Der heutige badische Kraichgau verzaubert jeden Besucher durch seine einzigartige flache und liebliche Hügellandschaft, weite Streuobstwiesen, alte Auwälder, breite Täler, traditionsreiche Bauerngärten und dem sanften Wechsel

Schloss Karlsruhe

Typische Kraichgau-Landschaft

zwischen Mischwald, Wiesen, Feldern, Obst- und Weingärten. Neben Obst- und Ackerbau hat auch der Zuckerrüben- und Tabakanbau eine lange Tradition seit dem 19. Jahrhundert. Das milde Klima und die fruchtbaren Böden machen diese Landschaft zu einer paradiesischen Genussregion Deutschlands.

Mit etwa 1.300 Hektar Rebfläche erstreckt sich der Kraichgau von Wiesloch und Rauenberg im Norden bis hin zur ehemaligen Residenzstadt Karlsruhe im Süden und steht an fünfter Stelle der badischen Weinanbaugebiete. Im Osten grenzt die Region an die Hänge des Strombergs. Der Kraichgau ist ein reiches Bauernland, geprägt durch eine authentische bäuerliche Küche, Besenwirtschaften und Burgschänken. Er war schon vor Millionen von Jahren ein beliebtes Siedlungsgebiet. Alte Versteinerungen, die bei Ausgrabungen gefunden wurden, zeugen davon, dass bereits die Römer hier Reben angebaut haben. Auch damals müssen schon die besonders rassigen Weine bekannt gewesen sein.

Die besten Vergrößerungsgläser für die Freuden dieser Welt sind jene, aus denen man trinkt.

– Joachim Ringelnatz

Kraichgau-Weinberge im Herbst

Schloss Bruchsal

Zwar ist die Anzahl der Sonnenstunden im Kraichgau etwas niedriger als in vergleichbaren Gebieten wie der Badischen Bergstraße, dafür ist aber die Sonnenscheindauer deutlich höher als in den meisten anderen badischen Weinanbaugebieten. Der Kraichgau liegt geschützt zwischen Odenwald und Nordschwarzwald, die Böden können den reichhaltigen Niederschlag und die Sonnenwärme durch diese klimatisch gute Lage hervorragend speichern und sind dadurch für den Weinbau prädestiniert. Die überwiegende Menge der Rebböden besteht aus Muschelkalk, Buntsandstein und Keuper, an manchen Orten findet man auch Beimengen von Löss oder Lössauflagen. Der Löss im Kraichgau hat sich vor ca. 65 Millionen Jahren im Tertiär durch Ablagerungen gebildet und ist eine sehr fruchtbare Grundlage für Wein- und Ackerbau.

Bedingt durch diese Lössauflage entwickelte sich im Kraichgau der Auxerrois (eine Art des Weißburgunders) als regionale Spezialität besonders gut mit starker Mineralität und intensivem Duft. Nirgendwo sonst in den badischen Weinanbaugebieten ist die Rotweinpalette so groß und vielfältig wie im Kraichgau: Blauer Spätburgunder, Dornfelder, Portugieser, Schwarzriesling, aber auch die württembergischen Sorten Trollinger und Lemberger werden hier angebaut. Bei den Weißweinen dominieren die Rebsorten Müller-Thurgau und Riesling vor Weiß- und Grauburgunder, Auxerrois und Chardonnay. Der Kraichgau ist mit seiner Vielfalt somit ein Wein-Schlaraffenland und Wein-Wanderland für Genießer. In Gasthäusern, urigen Bauernwirtschaften und Weinschänken lässt sich nach einer langen Wanderung die deftige und hausgemachte Bauernküche genießen bei hausgemachtem Bauernbrot, Rostbraten, Vespertellern, Wurst aus eigener Herstellung und Maultaschen. Manche Winzer gehen auch mit ihren Gästen auf Wanderungen durch die Weinberge oder begleiten sie auf Wein- und Naturerlebniswanderungen. Aktivurlauber und Radfahrer können Rast halten bei heimischen Winzern in Gewölbekellern, in den Weinstuben oder auf deren Höfen.

Süße Verführungen im Albtal

Café Konditorei Marc Schubert

Das wunderschöne Albtal vor den Toren von Karlsruhe im Nordschwarzwald ist eine romantische Urlaubsregion mit außergewöhnlichen kulinarischen Adressen. Die wichtigste darunter ist das traditionsreiche Café Schubert in Bad Herrenalb, das längst nicht mehr nur ein Geheimtipp ist. Hier ist Albtäler Gastfreundschaft verbunden mit den süßen Geheimnissen des Konditor- und Bäckermeisters Marc Schubert. Als Marc Schubert am 1.6.2003 das Café aus den 1970er-Jahren übernimmt, hat er bereits viele internationale kulinarische Erfahrungen als Konditor- und Bäckermeister gesammelt, unter anderem auf Kreuzfahrtschiffen und in verschiedenen Ferienclubs in der Schweiz, Portugal und Spanien. Er erweckt das traditionsreiche Café im Herzen von Bad Herrenalb schnell zu neuem Leben.

Marc Schubert begann seine Bäcker- und Konditorlehre 1989 in einem der bekanntesten und angesehensten Cafés und Konditoreien in Süddeutschland: im Café Decker in

Staufen. Hier arbeitete er neun Jahre, hier entfachte sich auch seine Leidenschaft für diesen Beruf. Bis heute pflegt er sehr gute freundschaftliche Beziehungen zu Familie Decker in Staufen.

Heute ist Marc Schubert vor allem bekannt für seine Christstollen, die er alljährlich weltweit in der Vorweihnachtszeit versendet. Auch in Deutschland bestellen Firmen alljährlich die leckeren Christstollen als Weihnachtsgeschenk. Das Rezept bleibt sein Geheimnis! Bis zu 1,5 Tonnen Teig werden jährlich verarbeitet und versandt.

Marc Schubert legt Wert auf die herkömmliche Patisserie und das traditionelle Konditoreihandwerk, Convenience-Produkte lehnt er ab. In seinem Café in Bad Herrenalb wird somit auch mittags immer frisch gekocht: zwei verschiedene kulinarische Kleinigkeiten, Salate, Snacks und frische Mittagessen werden täglich angeboten und von Gästen sowie Einheimischen als leckerer, gesunder und frischer Mittagstisch geschätzt. Darunter immer ein Gericht mit Fleisch und ein vegetarisches Menü.

Bekannt sind vor allem seine Törtchen, wie sein bekanntes Heidelbeertörtchen, und Dessertteilchen, die u. a. auch täglich bestellt werden vom benachbarten Schwarzwald-Panorama-Hotel, wo sie fester Bestandteil der Speisekarte sind. Zu seinen kulinarischen Kreationen gehören inzwischen bis zu 30 Kuchenvarianten und zahlreiche Schokoladen- und Pralinenvariationen. Die bekannte Schwarzwälder Kirschtorte wird mit heimischen Kirschen und Schwarzwälder Kirschwasser hergestellt. Diese feine Verführung kann man im Café bei einem frischen Kaffee oder einem heißen Schokoladengetränk genießen oder sich auch nach Hause liefern lassen.

Marc Schubert führt zusammen mit seiner thailändischen Lebensgefährtin, die auch einmal wöchentlich ein asiatisches Gerichte zubereitet, ein kleines und engagiertes Familienunternehmen mit drei weiteren Mitarbeitern.

Café Konditorei Schubert
Ettlinger Straße 16 | 76332 Bad Herrenalb
Tel. +49 70 83/31 06
E-Mail: info@cafe-schubert.com
www.cafe-schubert.com

Blüte und Wachstum

Schwarzwald Panorama Bad Herrenalb

Panorama – das bedeutet „ganz sehen" oder „weit sehen". Ein Panorama gibt uns also die Möglichkeit, weiter, tiefer, umfassender zu sehen. Wenn wir Glück haben, sind die Fenster groß genug, um ein breiteres Spektrum zu erhaschen – über unser meist begrenztes Alltagsblickfeld hinaus. Hier, über dem idyllischen und verkehrsgünstig gelegenen heilklimatischen Kurort Bad Herrenalb ist ein solcher Ort, der die Gäste schon durch seine Lage mit Blick auf den Schwarzwald aus dem Alltag hebt. Seit Mai 2013 setzt der Hotelier auf eine konsequente Umgestaltung des zuvor konventionellen Hotelbetriebs in ein ganzheitliches und nachhaltiges Konzept bestmöglicher Lebensqualität. „Selfness" nennt Stephan Bode sein Konzept, das alle Bereiche des harmonisch ineinander übergehenden Komplexes mit Hotel, Restaurant, Campus, Wellness-, Selfness- und Kosmetik-Angeboten einbezieht. „Ich tue etwas für mich" zieht sich als roter Faden durch alle Angebote im Schwarzwald Panorama.

Frei nach der Erkenntnis, dass das Ganze mehr als die Summe einzelner Teile ist, setzt man im Schwarzwald Panorama auf die Gestaltungskräfte eines freien und bewussten Menschen auf der Basis von Respekt und Würde. Jeder Gast kann sich sein eigenes Programm zusammenstellen oder auch sensibel komponierte Arrangements nach den jeweils eigenen Bedürfnissen und Ressourcen wählen. Doch nicht nur die Gäste profitieren von der Philosophie umfassender Resilienz: Stephan Bode legt besonderen Wert auf die Förderung seiner über 60 festangestellten Mitarbeiter. „Ich fokussiere mich darauf, den Menschen in seine Kraft und Blüte zu bringen", sagt er. Ein Anspruch, der auf Transparenz, Aufmerksamkeit und Vertrauen beruht. Eine Haltung, die weiterträgt: „Meine Mitarbeiter begegnen den Gästen mit ehrlicher Freundlichkeit und authentischer Herzlichkeit." Das ist der beste Dünger für das Unternehmen: Seit der konzeptionellen Verwandlung blüht und wächst das Schwarzwald Panorama kontinuierlich, die Resonanz ist überwältigend positiv.

Die 97 Zimmer in verschiedenen Kategorien – Classic Waldblick, Panorama Superior, Panorama Deluxe – werden durch acht Apartments und eine Suite ergänzt. Die komfortablen Zimmer bieten neben hohen Standards einen großzügigen Balkon oder eine Terrasse mit freiem Blick in die Natur und absolute Ruhe.

La Vie – so bunt wie das Leben

Im Restaurant „La Vie" wird die regionale Küche gefeiert. Das zweimal jährlich zertifizierte Bioland-Kulinarium legt mit Küchenchef Enrico Ziegler als Slow-Food-Partner das Fundament für das leibliche Wohl. Ob Zwiebelrostbraten, Maultaschen, Schwarzwälder Sushi oder vegetarische und vegane Spezialitäten: Alle Speisen folgen dem Primat der Nachhaltigkeit und Qualität in gutem Preis-Leistungs-Verhältnis. 120 Gäste finden Platz in dem großzügigen und farblich harmonisch gestalteten Restaurant, auf der Terrasse genießt man an warmen Tagen die reine Schwarzwaldluft. An jedem zweiten Sonntag im Monat gibt es einen Brunch zu Live-Piano-Musik.

Leben und Arbeiten an einem besonderen Ort

Dass Selfness keinen Unterschied macht zwischen Leben und Arbeiten, das beweisen die Mitarbeiter auch im „Campus". Der Tagungsbereich wendet sich an „Weiterdenker". Die lichtdurchfluteten Räume in einem inspirierenden Umfeld und entspannter Atmosphäre atmen den Geist konzentrierter Gelassenheit. Hier ist vieles möglich: Konferenzen, Workshops, Seminare, Empfänge, Events … Auf mehr als 1.300 Quadratmetern Nutzfläche über drei Ebenen finden die Teilnehmer zehn Veranstaltungsräume, die mit jeglicher moderner Technik ausgestattet sind. Alle Veranstaltungen mit den dazu gehörigen Übernachtungen werden klimaneutral durchgeführt: Das Unternehmen nutzt in der Zusammenarbeit mit ClimatePartner unterschiedliche

Emissionsausgleich-Modelle. Für sein zukunftsweisendes Hotelkonzept, die hervorragenden Veranstaltungsmöglichkeiten und insbesondere für den aufmerksamen und herzlichen Service in allen Bereichen des Hauses wurde das Schwarzwald Panorama beim dem „Grand Prix der Tagungshotels" in 2016 mit dem ersten Platz im gesamten deutschen Vergleich ausgezeichnet. Ein Erfolg, der ansporrnt und verpflichtet: „Aktuell sind wir für den GreenTec Award 2017, Europas bedeutendsten Umweltpreis, nominiert", betont Stephan Bode.

Der achtsame Umgang mit sich selbst

Auf 900 Quadratmetern lädt der Beauty-, SPA- und Selfness-Bereich zum Entspannen und Krafttanken ein. Das mit Thermalwasser angereicherte Schwimmbad, ein Whirlpool, eine großzügige Saunalandschaft sowie Fitness- und Ruheräume werden ergänzt durch einen Kosmetikbereich. Erfahrene Experten mit den Schwerpunkten Beauty, Entspannung, Gesundheit und Ernährung sowie ein Heilpraktiker tragen mit ihren Kenntnissen und Methoden zu einem achtsamen Umgang mit sich selbst und einem bewussten pro-aktiven Lebensstil bei.

Die regionalen und internationalen Gäste genießen ihre Auszeit vom Alltag in inspirierender Atmosphäre: „Bei uns ist jeder willkommen", sagt Stephan Bode. Ruhebedürftige fühlen sich im Schwarzwald Panorama ebenso wohl wie Sportliche und Gesundheitsbewusste. Und nicht wenige erleben Sinnhaftigkeit in einer ganz neuen Dimension.

Schwarzwald Panorama
Rehteichweg 22 | 76332 Bad Herrenalb
Tel. +49 70 83/9 27-0
E-Mail: info@schwarzwald-panorama.com
www.schwarzwald-panorama.com

Romantisches Albtal

Kunst und Kulinarik

Restaurant Künstlerkneipe Karlsruhe

Was gibt es hier alles zu entdecken! Und das gilt sowohl für die verwinkelten Räume als auch für die Leistungen des sechsköpfigen Küchenteams unter Leitung des gebürtigen Österreichers Konrad Sluga. Der ausgebildete Koch hat bei seinen Lehr- und Wanderjahren in renommierten Häusern von allem das Beste aufgesogen, in der Schweiz die Restaurantfachfrau Martina kennen- und die beiden sich lieben gelernt. Danach waren sie gemeinsam und getrennt auf Tour. Denn: „Die Lehre beginnt nach der Lehre!" Seit 2010 setzen sie ihre Talente und Kenntnisse nun im Restaurant Künstlerkneipe ein. Nicht nur der historische Kontext rechtfertigt diesen für ein hochdekoriertes Restaurant eher ungewöhnlichen Namen, den der alte Gasthof „Zur Krone" in Karlsruhe-Daxlanden seit dem frühen 20. Jahrhundert trägt. Alles hier ist „Kunst"! Bis heute ist dies ein legendärer Ort der großen Namen, die in allen Räumen präsent sind: Zu Beginn des 20. Jahrhunderts gingen die Protagonisten der Karlsruher Akademie der Bildenden Künste ein und aus – und zahlten ihre Zeche in den mageren Zwischenkriegszeiten teilweise mit ihrer Kunst. In den 1960er- und 1970er-Jahren trafen

sich im Rahmen der „Bambi"-Verleihung die Stars des deutschen Films im malerischen Ambiente. Ihre Konterfeis zieren bis heute die Umgrenzung des rustikalen Biergartens im hinteren Teil des Hofs.

Ein veritables Schmuckkästchen

Der Name ist geblieben, die Qualität hat sich grundlegend verbessert, seit Martina und Konrad Sluga das Anwesen übernommen und ganz behutsam zu einem veritablen Schmuckkästchen mit reichem Innenleben in Innenarchitektur und kulinarischen Überraschungen auf hohem Niveau umgestaltet haben. Wer ihren Schilderungen über den Zustand des historischen Anwesens lauscht, bekommt eine vage Vorstellung von der Kraft der Imagination, die dem Fachehepaar eigen sein muss. An fünf Tagen pro Woche beweisen die Slugas, dass sie ihren eigenen hohen Ansprüchen durchaus gewachsen sind. Mehr noch: dass sie über sich hinauswachsen. Die Küche ist ebenso vielseitig wie in allen Facetten kulinarischer Genüsse hochkarätig und stets an den Jahreszeiten orientiert: Ob Fischspezialitäten wie Badische Hechtklöße oder in Sherry glacierter Seeteufel mit Lauch und Pfifferlingen, ob Kalbsbraten, Ochsenzunge, Rinder- und Schweinebäckchen oder Roulade: Konrad Sluga und seine Mitarbeiter sind kulinarische Zauberkünstler mit feinem Gespür für Zwischentöne und Gästewünsche.

Martina Sluga brilliert im aufmerksamen Service. Die Weinkarte lässt keine Wünsche offen: Vor allem aus der Region kommen die sorgsam ausgesuchten Weine, die optimal zur jeweils bevorzugten Speisefolge – egal ob exquisites Diner oder rustikales Vesper – passen.

Für jeden Anlass das Passende

Im vorderen, der Straße zugewandten Teil befindet sich das renommierte Restaurant, das neben einem abwechslungsreichen Mittagstisch abendliche Menüs vom Feinsten bietet. In der Eglerstube – benannt nach den in Karlsruhe legendären Künstlerbrüdern Willi, Carl und Ludwig Egler – finden bis zu zehn Gäste ein ungestörtes Ambiente vor, das Nebenzimmer eignet sich für private Feiern mit bis zu 30 Gästen. Durch den lauschigen Innenhof mit einigen Tischen unter Weinreben gelangt man zur urig-rustikalen „Weinstube Leo Faller" – benannt nach dem Karlsruher Kunstmaler –, die bis zu 35 Personen Hausmannskost für Feinschmecker bietet. Das „Kronengärtle" lädt zum legeren Biergarten-Gefühl mit den entsprechenden Speisen. Der „Ballsaal" im ersten Stock bietet in filmreif-vornehmer Kulisse bis zu 90 Personen Raum für Feierlichkeiten und Veranstaltungen.

Haben Martina und Konrad Sluga jemals bereut, sich so spontan selbstständig gemacht zu haben? „Aber nein, das ist unser Ding“, versichern die beiden einstimmig. Schließlich hätten sie sich ja auch beide auf Anhieb in dieses Kleinod am westlichen Stadtrand von Karlsruhe verliebt und dann eben sofort Nägel mit Köpfen gemacht. Die Kinder sind mittlerweile aus dem Gröbsten heraus und genießen die gemeinsame Zeit mit den Eltern, die sich ganz bewusst zwei aufeinanderfolgende Ruhetage gönnen, um Muße für die Familie zu haben. Und für neue Ideen: Wer sich entspannte Ruhephasen gönnt und diese als Quelle nutzt, schafft freie Kapazitäten im Gehirn. Und aus diesen Arealen purzeln dann – manchmal über Nacht – wunderbare neue Rezepte. Konrad Sluga weiß, wovon er spricht, denn dass es so funktioniert, zeigt seine Erfahrung. Das Ehepaar Sluga beweist aufs Schönste, wie sich Freude am Beruf, Neugier, Bewusstsein für Qualität und inspirierende Kreativität zum Wohle des Gastes ergänzen können.

Restaurant Künstlerkneipe
Pfarrstraße 18 | 76189 Karlsruhe
Tel. +49 7 21/16 08 99 57
E-Mail: info@kuenstlerkneipe.com
www.kuenstlerkneipe.com

Ein Klassiker wird modern
Hotel Eden Karlsruhe

Aufgrund der langjährigen Familientradition und Unternehmensphilosophie einigten sich die Hoteliersfamilien Gulden und Bobanović im Jahr 2016 auf ein weiterhin familiengeführtes Traditionshaus Eden. Mit diesem essenziellen Wunsch von Unternehmerin Dorit Gulden begann im Eden ein neues Kapitel Karlsruher Qualitäts-Hotellerie. „Wer nicht mit der Zeit geht, geht mit der Zeit“, sind sich alle vier Brüder einig. Aus dieser Erkenntnis investieren die Bobanovićs jährlich im zweistelligen Prozentbereich des Jahresnettoumsatzes in das gesamte Unternehmen. „Das Hotel soll in den kommenden Jahren eines der führenden und modernsten Business- und Tagungshotels werden“, sagt Vedran Bobanović.

Das Drei-Sterne-Superior-Haus bietet sich als Standort für Geschäftsreisende und Tagungsgäste, aber auch für Urlauber und Besucher der Kulturstadt Karlsruhe an. Der wichtigste Standortvorteil für Gäste des Hauses ist die einzigartige Lage: Hauptbahnhof, Europaplatz und Kongresszentrum sind ebenso fußläufig erreichbar wie die Ziele der Urlauber und Kunstbeflissenen: Zoo, ZKM, Karlsruher Schloss, Staatliche Akademie der Bildenden Künste und Innenstadt. Von dem Motto „Losstarten,

herunterfahren, aufladen“ fühlen sich besonders Menschen angesprochen, die in kurzer Zeit von ihrem anstrengenden Business-Alltag in einen entspannten Feierabendmodus wechseln möchten. Die 68 ruhigen Zimmer in den Kategorien Basic, Classic und Superior sind angenehme persönliche Rückzugsorte im Flair eines familiengeführten Unternehmens. Der paradiesische Garten mit Lounge-Terrasse im Grünen, umgeben von altem Baumbestand, ist ein echter „Garten Eden“, die familiäre Herzlichkeit ist sprichwörtlich. Das Hotel verfügt über eine eigene Tiefgarage mit 38 Stellplätzen. Die einzigartige Gastronomie im Eden bietet für Feinschmecker, Familienfeiern, Firmenevents bis hin zum Catering und gutbürgerlichen Kreationen alles, was das Gourmetherz begehrt.

Wer in gediegenem Ambiente mit moderner technischer Ausstattung tagen möchte, findet im Hotel Eden ideale Bedingungen für unterschiedlichste Formate: Die großzügigen, zeitgemäßen und ideal geschnittenen Räumlichkeiten bieten für jeden Anspruch und Personenkreis das Passende. Im gesamten Unternehmen wird großer Wert auf Nachhaltigkeit und Regionalität gelegt.

Hotel Eden Karlsruhe
Bahnhofstraße 15–19 | 76137 Karlsruhe
Tel. +49 7 21/18 18-0
E-Mail: info@eden-ka.de
www.eden-ka.de

Tradition verpflichtet

Mediterrane Restaurants Selektion

Seit zwei Generationen führt die Hoteliersfamilie Bobanović die Restaurants Mediterrane Durlach und Karlsruhe. Aus einem kleinen Familienunternehmen ist in 30 Jahren ein Unternehmen mit über 100 Mitarbeitern in Hotellerie, Gastronomie, Catering, Bau, Weinhandel und biodynamischer Landwirtschaft geworden. Die Leidenschaft für Genuss, Gastlichkeit und Herzlichkeit ist jedoch nie erloschen. Mit fundierten Berufsausbildungen in der Hotellerie, Studium der Betriebswirtschaft und Stationen in renommierten Häusern wie dem „Brenners Park Hotel" in Baden-Baden, „Erbprinz" in Ettlingen, „Vier Jahreszeiten" in München, der „Ritz Carlton Hotel Company" und der „Lidl-Stiftung" wurde im Jahr 2011 der erfolgreiche Schritt für die zweite Generation des Familienunternehmens geebnet. Die vier „Jungs", wie sie der Senior, Vedran Bobanović, gerne nennt, haben das operative Geschäft übernommen. Im Mittelpunkt der Unternehmensphilosophie stehen Tradition, Genuss, Zuverlässigkeit, Qualität und gesundes Wachstum.

Der Standort Durlach strahlt die typische Ruhe eines Restaurants in der kleinen, gemütlichen und historischen Altstadt mit mediterranem Flair aus. Im Altstadtring vergessen die Gäste einen Augenblick lang ihren Alltag. In Karlsruhe genießen sie die quirlige Atmosphäre eines aufstrebenden Stadtquartiers mitten im Zentrum. Rund um die ernährungsphysiologisch hochwertige mediterrane Küche mit saisonalen Kreationen finden die Gäste hier alles, was das Gourmetherz begehrt. Die passende Weinempfehlung gibt es vom Sommelier selbstverständlich dazu. Die liebenswerten Umgangsformen der langjährigen Mitarbeiter, die den Gästen der Familie Bobanović ein einzigartiges, überraschendes und hochwertiges Erlebnis bescheren dürfen, müssen emotional und unvergesslich sein. Vedran und Kata Bobanovićs Philosophie sowie die herzliche und aufrichtige Gastlichkeit wird noch heute gelebt. Genuss mit Herz und Seele mit allen Sinnen und auf höchstem Niveau in Einklang mit der Natur spiegeln das Credo der Unternehmerfamilie wider.

Mediterrane Restaurant Selektion Karlsruhe
Karlstraße 70 | 76137 Karlsruhe
Tel. +49 721/8 19 69 78

Mediterrane Restaurant Selektion Durlach
Zunftstraße 5 | 76227 Karlsruhe
Tel. +49 721/9 41 60 61
E-Mail: info@mediterraneselektion.de
www.mediterraneselektion.de

Edle Tropfen aus dem „Land der tausend Hügel“

Die Weinmanufaktur Weingarten

Im Jahr 2015 schloss sich die Erste Markgräfler Winzergenossenschaft Schliengen-Müllheim mit ihrem jüngsten Mitglied zusammen: Die Weinmanufaktur Weingarten liegt im sonnigen Kraichgau zwischen Schwarzwald, Odenwald und Oberrheinischer Tiefebene. Von hier, dem „Land der tausend Hügel“, kommen äußerst filigrane, spritzige und feinfruchtige Weine mit prägnantem Eigencharakter. Auch der Tourismus setzt auf diese Karte, der Ortsname allein ist ja schon Programm. Die Muschelkalk-Böden lassen besonders gut die Rebsorten Riesling und Auxerrois gedeihen. Auch der im Anbaugebiet Baden seltener zu findende Schwarzriesling, ein Abkömmling des Blauen Spätburgunders, ist hier zu Hause. Eins der Spitzenprodukte aus der Weinmanufaktur Weingarten ist der rassige Auxerrois, ein sortentypischer Wein, der national und international stark gefragt ist. Dass sich die Weingartener Winzer auch nach der Fusion mit ihren individuellen Produkten im Marktgeschehen wiederfinden, ist Resultat einer umsichtigen Produktionspolitik der Weinmanufaktur Weingarten: „Unser Qualitätsmanagement setzt auf Spezialisten vor Ort, die die Weine nach unseren Erzeugungs- und Qualitätsabsprachen ausbauen“, sagt Geschäftsführer Wolfgang Grether. „So bleibt jeder Wein aus unserer Angebotspalette ein individuelles Produkt“. Das heißt, dass die Kellermeister aus Schliengen sich in Nordbaden um den Ausbau der Weine kümmern, dort wo die Trauben geerntet wurden. „So haben wir bei der großen Vielfalt in unserer Produktpalette doch alles aus einer Hand“, sagt Grether. Und der Kunde wisse diese „gesamtbadische Weinkompetenz“ zu schätzen. Was den Kunden auch

gefällt, ist die Betriebsphilosophie, die es erlaubt, kleinräumige Produktionsstrukturen und die Arbeit vieler selbstständig arbeitender Winzer in eine gemeinsame, von höchsten Qualitätsansprüchen getragene Produktionsrichtlinie einzubinden. Hier kommt bei aller Internationalität das Individuelle nicht zu kurz. Wein ist eben nicht nur ein Handelsprodukt, sondern ein Lebensgefühl, ein angenehmer Begleiter im Alltag, der unvergesslichen Momenten funkelnde Glanzlichter aufsetzt.

Weinmanufaktur Weingarten GmbH
Kirchbergstraße 17 | 76356 Weingarten
Tel. +49 72 44/7 03 30
E-Mail: info@sonnenstueck.de
www.sonnenstueck.de/de/wir_ueber_uns/Weinmanufaktur-Weingarten. php

Genuss mit Zeit und Muße

Restaurant Belvedere

Genuss mit bestem Service bei grandiosem Ausblick über Bruchsal und das Rheintal. Das ist die Kurzform eines Gesamterlebnisses hoch über der alten Residenzstadt Bruchsal. Hier, gegenüber dem historischen Belvedere-Park haben Manuel Weigele und Philipp Jungkunz eine kreative Heimat im Restaurant Belvedere gefunden: So sind sie zu perfekten Partnern für ein entspanntes kommunikativ-kulinarisches Erlebnis mit Muße und Zeit geworden. Höchster Luxus heutzutage – da sind sich die beiden Geschäftsführer einig.

Dass Nachhaltigkeit mehr ist als ein Modebegriff, dass es um eine profunde Haltung geht, das ist im stilvoll-zurückhaltenden Ambiente des Restaurants Belvedere selbstverständlich: Es kommt nur Fleisch von Tieren persönlich bekannter Züchter auf den Teller, der Lachs stammt aus kontrollierter schottischer Zucht mit höchsten Standards. Gemüse und Salate kommen knackfrisch auf den Tisch. Die Speisekarte wird ergänzt durch aktuelle Wochenempfehlungen, eine Karte für den leichten Mittagslunch und eine Saisonkarte sowie durch Menüvorschläge für den Abend. Nach getaner Arbeit nimmt Küchenchef Manuel Weigele die Anmerkungen und Anregungen der Gäste gerne

persönlich am Tisch entgegen. „Wir wachsen mit unseren Gästen", bestätigt Philipp Jungkunz die enge Verbundenheit mit denen, die die ebenso unaufdringliche wie konstante Leistung des harmonischen Teams in Küche und Service zu schätzen wissen. So viel Souveränität spricht sich herum: Die Kunde vom Gelingen ist weit ins Land hinausgedrungen.

Auf der Weinkarte dominieren bekannte und – noch – unbekannte Spezialitäten privater regionaler Weingüter, deren Winzer den Gastronomen persönlich verbunden sind. Dazu gehören das Weingut Klumpp aus Bruchsal ebenso wie Heitlinger aus Tiefenbach, aber auch Jungwinzer Klenert aus dem Kraichgau hat eine reelle Chance, bei den kenntnisreichen und genussorientierten Gästen zu punkten. Selbstverständlich gibt es auch eine Auswahl internationaler Weine, die ebenso nuanciert erklärt wie serviert werden.

Bei der einmal jährlich veranstalteten „Küchenparty" lassen sich die Köche bei der Arbeit über die Schultern schauen, geben Tipps und Tricks preis, bevor gemeinsam gegessen und gefeiert wird.

Restaurant Belvedere
Adolf-Bieringer-Straße 20 | 76646 Bruchsal
Tel. +49 72 51/30 03 73
E-Mail: info@restaurantbelvedere.de
www.restaurantbelvedere.de

Bunt und vielfältig wie ein Blumenstrauß

Weingut Georg Benz

Wenn sich Georg Benz etwas vorgenommen hat, dann führt er dieses Vorhaben auch aus. Schon als junger Mann wusste der Spross einer Familie mit Landwirtschaft im Kraichgau: Ich werde Winzer. Er wusste allerdings auch, dass der Weg in die Selbstständigkeit hart werden würde. Denn auch wenn Eppingen-Elsenz an der Badischen Weinstraße liegt und der Kraichgau optimale Bedingungen für den Weinbau liefert, ist das Leben und Arbeiten als Winzer im Haupterwerb kein Zuckerschlecken. Zumal Georg Benz ebenfalls schon sehr früh erkannt hatte, wie wichtig ihm Qualität, Nachhaltigkeit und Bekömmlichkeit sind. „Grundprinzipien" sind das für ihn, der möglichst wenig aus der Hand geben wollte und will. Seit 1989 hat sich der Winzer diesen Prinzipien verschrieben, sie in verschiedenen Betrieben weiterverfolgt und in der Selbstständigkeit mit seinem eigenen Weingut seit 1995 perfektioniert. Zu den Prinzipien gehört auch, dass naturnah gearbeitet wird und alle Arbeiten innerhalb des Familien- und Freundeskreises erledigt werden.

„Bunt und vielfältig wie einen Blumenstrauß" habe er seine Insgesamt 17 Sorten auf 7,3 Hektar an der Sonnenseite des Kraichgau auf Verwitterungsböden und Muschelkalk mit Lössüberzug aufgebaut, sagt Georg Benz. Hauptsorten sind Riesling, Weiß- und Grauburgunder sowie Rivaner und Sauvignon Blanc bei den Weißweinen. Spätburgunder, Lemberger und Schwarzriesling sowie weitere vier Sorten bei den Rotweinen, Weißherbst und Gewürztraminer sind besonders bei Angela Benz beliebt, die ihren Mann nach Kräften unterstützt. Kultstatus haben die saisonalen Events auf dem

Weingut erlangt: Dem „Frühlingserwachen“ anlässlich der Abfüllung der Vorjahresweine folgt das Spargelfest im Juni, im September gibt es zur Weinlese Flamm- und Zwiebelkuchen aus dem Holzofen und am ersten Adventwochenende lädt die Familie zu „Wein und Wild“ mit Reh und Wildschwein aus heimischer Jagd ein. „Die Leute freuen sich darauf“, sagt Georg Benz, dessen Weine bei der heimischen Gastronomie und Endverbrauchern begehrt sind.

Die „Handschrift der Familie“ ist für Georg und Angela Benz eine Generationenverpflichtung: „Wir wollen das Ergebnis unserer Arbeit stetig verbessern und mindestens so gut und unbelastet an die nächste Generation weitergeben.“ Die ist schon am Start: Sohn Johannes hat sich zu einer Winzerlehre entschlossen.

Weingut Georg Benz
Eppinger Straße 56 | 75031 Eppingen
Tel. +49 72 60/18 07
E-Mail: georg.benz@t-online.de

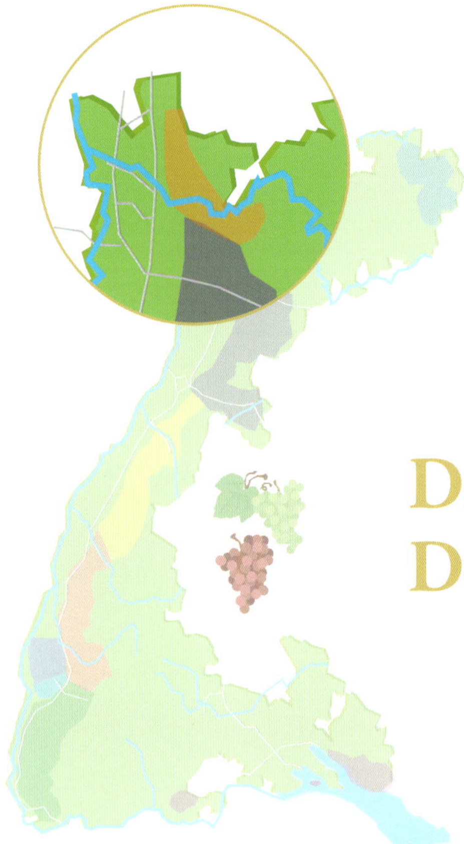

Die Badische Bergstraße – Deutschlands Frühlingsparadies

Die Badische Bergstraße gehört zu den klimatisch gesegnetsten Regionen Deutschlands. Stets mildes Klima lässt begehrte und geschätzte Weine gedeihen. Selbst Walnüsse, Edelkastanien und Mandeln haben sich hier beheimatet.

Mit 390 Hektar Rebfläche ist die Badische Bergstraße Badens kleinstes Weinanbaugebiet. Die Badische Bergstraße beginnt im Norden im Ort Laudenbach (bei Heidelberg) an der Landesgrenze zu Hessen und erstreckt sich über 40 Kilometer nach Süden über die malerische Stadt Heidelberg bis nach Wiesloch. Das Klima ist hier besonders mild, daher ist diese Region auch bekannt als Frühlingsgarten Deutschlands. Die Vegetationsperiode und die Obstblüte beginnen hier bereits früher als im Kaiserstuhl. Die Pflanzenwelt ist teilweise mediterran geprägt: Mandel-, Kirsch-, Pfirsich- und Aprikosenbäume erwachen früh aus dem Winterschlaf und verwandeln die Bergstraße in ein blühendes Frühlingsparadies. Die Blüten der Magnolien und Forsythien verzaubern die Landschaft mit ihrem reichen Duft.

Dieser bevorzugte Klimabereich Deutschlands wird zudem durch den Odenwald geschützt vor kalten und rauen Nord- und Ostwinden. Davon profitieren auch die Trauben an den sonnigen Hang- und Steillagen im Neckartal. Ausreichende Niederschläge und viele Sonnenstunden machen diese gesegnete Region zu einem ausgezeichneten Wein- und Obstland.

Schlosspark Weinheim

Schon die alten Römer entdeckten diese Region mit ihrem milden Klima und den fruchtbaren Böden und wussten sie zu schätzen. Sie brachten auch den

Strahlenburg in Schriesheim an der Bergstraße

Heidelberger Frühling am Neckar

Weinbau an die „Strada Montana", wie sie die heutige Badische Bergstraße nannten. Kaiser Joseph II., der Sohn von Maria Theresia, soll, als er 1765 diese Landschaft bereiste, ausgerufen haben: „Hier fängt Deutschland an, Italien zu werden!"

Ich möchte Weintrinker sein, mit Kumpanen abends vor der Sonne sitzen und von Dingen reden, die wir gleich verstehn …

– Franz Josef Degenhardt

Der Weinbau findet statt in Höhen zwischen 120 und 250 Metern. Auf etwa 20 Prozent der Rebfläche wird der Riesling angebaut, der feine, rassige und kühl anmutende Weine hervorbringt. Die Reben des Müller-Thurgau lieben die Löss-Lehmböden, sie reifen früh und ergeben fruchtige Weißweine. Auch Silvaner, Weiß- und Grauburgunder können wegen der vielen Sonnentage gut ausreifen und runden die Sortenpalette der Weißweine ab. Auf Muschelkalkböden bei Leimen und südlich davon wird vor allem der Spätburgunder ausgebaut. Er ist kraftvoll mit intensiver Frucht, dichtem Gerbstoff und voller Glut. In dieser Region machen sich jedoch auch stark die Unterschiede der Böden bemerkbar: Die Spätburgunder auf den Granit- und Porphyr-Böden nördlich von Heidelberg sind geprägt durch ihren feinen, zarten Duft, wirken feingliedrig und eher delikat.

Die Badische Bergstraße ist auch eine beliebte Ferienregion, sie ist sowohl eine Ferienstraße als auch eine Radroute. Die Region zwischen Darmstadt und Heidelberg wird auch gerne als „Riviera Deutschlands" bezeichnet. Die vielen Sehenswürdigkeiten – herrschaftliche und stolze Burgen, malerische Dörfchen und romantische Städte sowie historische Bauten – prägen das Bild der Badischen Bergstraße und ziehen alljährlich viele Besucher an. Ausflüge an die Bergstraße haben das ganze Jahr über Saison. Die Ruinen der Strahlenburg bei Schriesheim und der Schauenburg bei Dossenheim sind Zeugen längst vergangener herrschaftlicher Zeiten, Machtansprüchen und Besitzverhältnissen. Viele weitere kleinere Burgen säumen den Weg entlang des Odenwaldrandes. Über der schönen Zweiburgenstadt Weinheim thronen weithin sichtbar die Windeck und die Wachenburg. Heidelberg selbst als Inbegriff deutscher Romantik ist ein Besuchermagnet für Urlauber aus aller Welt. Das „Große Fass" im Kellergewölbe des Heidelberger Schlosses kann 220.000 Liter Wein fassen. Die Bauern lagerten früher dort ihren Wein, um ihren Kurfürsten den „Zehnten" abzuliefern. Nach einem Besuch des Heidelberger Schlosses lohnt es sich, einen Spaziergang über den Philosophenweg zu machen, um auf das romantische Heidelberg von oben hinab zu schauen und die Landschaft zu genießen.

Herbststimmung an der Bergstraße

Blick auf Heidelberg mit Schloss und Alter Brücke

Hotel Zum Ritter St. Georg in Heidelberg

Traditionsreiche Gastfreundschaft im schönsten historischen Bürgerhaus

Das Hotel Zum Ritter St. Georg in Heidelberg wurde 1681 erstmals als Gasthaus erwähnt. Die altehrwürdige Fassade aus dem 16. Jahrhundert überdauerte viele Kriege und Brände und ist heute ein Magnet für Touristen aus aller Welt.

Der Tuchhändler Carolus Belier und seine Ehefrau Francina ließen das Giebelhaus aus gehauenem Stein, voll kannelierter Säulen und kunstvoll gemeißelter Fensterblöcke im Jahre 1592 erbauen. Den Namen erhielt das Haus aufgrund der über dem Giebel thronenden Büste des Ritters St. Georg. Im Giebel des Renaissance-Bauwerks sind in goldenen Lettern die Worte „Persta invicta, Venus" – „Bleibe stets unbesiegt, Schönheit" eingelassen.

Das heutige 4-Sterne-Haus mit seinen 37 Zimmern wurde seit November 2014 unter der Leitung von Geschäftsführer Matthias Engel sorgsam renoviert und modern umgestaltet. Das Traditionshaus, das sich im Besitz der Eigentümerfamilie Kuchelmeister befindet, wurde im Küchen- und Schankbereich komplett umgebaut und modernen Arbeitsbedingungen angepasst. Weiterer Investitionsschwerpunkt waren die Zimmer und Bäder, die heute einem 5-Sterne-Niveau entsprechen.

Als das schönste und künstlerisch wertvollste historische Bürgerhaus der Stadt steht der „Ritter" unter Denkmalschutz und ist neben dem Schloss die meist fotografierte Sehenswürdigkeit Heidelbergs.

Odenwälder Wildschweinbraten St. Georg

Zutaten für 6 Personen

1 ½ kg Wildschweinrücken oder -keule
10 Wacholderbeeren
¼ l Fleischbrühe aus Brühwürfel
1 gestr. TL Salz
2 gestr. TL edelsüßes Paprikapulver
150 g durchwachsener Speck (dünne Scheiben)
10 Gewürznelken
1 Tasse Öl
1 gestr. EL Mehl
¼ l Apfelsaft
4 EL Preiselbeerkonfitüre
4 EL Hagebuttenkonfitüre
4 EL Calvados
2 gestr. TL schwarzer Pfeffer

Zubereitung

Die Wacholderbeeren, mit Wasser bedeckt, 5 Minuten quellen lassen. Das Fleisch abspülen, abtrocknen und von den Sehnen befreien. Fleischbrühe nach Vorschrift bereiten. Den Backofen auf 200 Grad vorheizen.

Den Wildschweinbraten mit Salz und Paprikapulver einreiben. Die Speckscheiben darauflegen, sodass er möglichst damit bedeckt ist, anschließend mit Gewürznelken feststecken. Das Öl in der Bratenpfanne erhitzen. Den Braten hineinlegen und im vorgeheizten Backofen 50 Minuten braten (nicht umdrehen).

Das Mehl mit dem Apfelsaft verrühren. Nach 50 Minuten den Braten auf eine vorgewärmte Servierplatte legen und warm stellen. Den Apfelsaft mit dem Mehl in den Bratensatz rühren. Die beiden Konfitüren mit der Fleischbrühe ebenfalls hinzufügen, sodass eine sämige Sauce entsteht. Den Calvados zufügen. Den Braten in diese Sauce legen und weitere 5 Minuten im Backofen erhitzen.

Den Braten wieder auf die vorgewärmte Platte geben, aufschneiden und die Sauce gesondert dazu reichen. Den Pfeffer erst bei Tisch über das Fleisch streuen.

Hotel Zum Ritter St. Georg
Hauptstraße 178 | 69117 Heidelberg
Tel. +49 62 21/70 50 5-0
Fax +49 62 21/70 50 5-155
E-Mail: info@hotel-ritter-heidelberg.com
www.hotel-ritter-heidelberg.com

Hotel-Restaurant-Weinstube Hackteufel in Heidelberg *Das Traditionslokal in der Heidelberger Altstadt*

Das traditionsreiche Hotel-Restaurant Hackteufel im Herzen der Heidelberger Altstadt zwischen der Heiliggeistkirche und der „Alten Brücke" wurde bereits im 16. Jahrhundert erstmals urkundlich erwähnt. Seit dem Jahre 1836 wurde es als Gasthaus Grüner Baum geführt. Von 1955 bis zum Jahre 2007 betrieb die Familie Scholl das Haus und gab ihm auch seinen heutigen Namen „Hackteufel" in Anlehnung an eine Strömung des Neckars zwischen Karlstor und Alter Brücke.

Isabel Hellmich ist seit 2007 die Inhaberin des Hackteufels, die liebevoll, charmant und mit viel Begeisterung den

familiären Betrieb mit 12 individuell und modern ausgestatteten Zimmern inmitten der romantischen Altstadt führt. Zu den 30 Mitarbeitern zählt auch der Küchenchef Klaus Tropf, der – zusammen mit Heiner Scholl – seit mehr als 20 Jahren die kulinarische Linie des Hackteufels prägt.

Die Speisekarte sieht vor allem typische regionale Spezialitäten, saisonale und gutbürgerliche Gerichte vor, wie z. B. badischer Krustenbraten, hausgemachte Spätzle und Maultaschen. Für dieses Buch hat Klaus Tropf seine Spezialität Rumpsteak „Hackteufel" verraten:

Rumpsteak „Hackteufel"

nach Küchenchef Klaus Tropf:

Zutaten:
Zartes Rumpsteak ohne Haut und Sehnen
Meerrettich gerieben (Raspelstix)
Preiselbeerkompott
Holländische Soße (selbstgemacht oder aus dem Beutel, muss aber gratinierfähig sein)

Zubereitung:
Den Meerrettich und das Preiselbeerkompott im Verhältnis 1:1 mischen.

Das Rumpsteak sehr rosa braten, weil es noch durch das spätere Überbacken entsprechend Hitze abbekommt und weitergart. Das rosa gebratene Rumpsteak dann mit der Meerrettich-Preiselbeermischung nach Geschmack bestreichen, mit der Holländischen Soße übergießen und im Salamander bei Oberhitze mit 200 Grad überbacken.

Als Beilage eignen sich Rösti, Bratkartoffeln, Pommes frites sowie ein bunter gemischter Salat, je nach Saison.

Tipp des Küchenchefs:
Wenn mehrere Rumpsteaks gleichzeitig überbacken werden sollen, verwende man am besten ein Kuchenblech!

Weinempfehlung:
Zum Rumpsteak „Hackteufel" empfiehlt Isabel Hellmich einen Badischen Spätburgunder vom Winzerkeller Hex von Dasenstein in Kappelrodeck.

Hackteufel

Hotel-Restaurant-Weinstube Hackteufel
Inh.: Isabel Hellmich
Steingasse 7 | 69117 Heidelberg
Tel. +49 6221/905380
Fax +49 6221/9053811
E-Mail: hotel@hackteufel.de
www.hackteufel.de

Blick auf das Heidelberger Schloss im Winter

Sehnsuchtsort mit Nostalgiepotenzial

Restaurant Wolfsbrunnen Heidelberg

Das Paradies liegt hoch über der Stadt und doch so nah am pulsierenden Heidelberger Leben: Der historische Wolfsbrunnen gilt in der Region als Inbegriff eines Ausflugsziels mit Anspruch und Format. Im Sommer lockt der schattige Biergarten, das Restaurant ist eine Oase des guten Geschmacks und im Saal kann mit bis zu 100 Personen ausgiebig gefeiert werden. Nostalgiepotenzial inklusive: „Viele Gäste kommen, weil sie hier ihre Kommunion, Konfirmation oder Hochzeit gefeiert haben", bestätigt Pächter Artus Zeller. Das Wiederfinden und -erkennen ist jedoch nur ein Anstoß, danach überzeugt das Gesamtpaket des Wohlfühlens an einem besonderen Ort.

Das von der aus einer Bürgerinitiative hervorgegangenen gemeinnützigen GmbH Wolfsbrunnen erworbene, mit Hilfe der Stadt Heidelberg und privater Geldgeber sorgfältig restaurierte ehemalige Jagdschlösschen aus dem Jahr 1555 hat mit Artus Zeller einen erfahrenen Gastronomen gefunden, der das Schmuckstück seit Mai 2015 als Pächter betreut. Das kulinarische Angebot beruht auf seinen Überzeugungen, Frische und Regionalität in den Mittelpunkt zu stellen: Gemüse und Salate bezieht das Unternehmen überwiegend von der Bergstraße und aus der nahen Pfalz. Die beliebten Flammkuchen werden mehrmals wöchentlich von einem Elsässer Bäcker geliefert und mit den jeweiligen Zutaten frisch belegt, das Fleisch stammt von persönlich bekannten Qualitätsmetzgern und die heimischen Fische wie Saibling und Bachforelle vom Forellenhof Spohn. Alle zwei bis drei Wochen wechselt die Restaurant-Karte, die Biergarten-Karte wartet mit typischen rustikalen Schmankerln auf, am separaten Grillplatz werden Barbecues angeboten. Der große Saal wird für private Feste, Firmenevents und -feiern genutzt und kann ganz nach Geschmack und Veranstaltung bestuhlt und dekoriert werden. Auch für Musik, Tanz, Lesungen und andere Formate ist hier der richtige Platz. Von Mai bis August nutzt die gemeinnützige Träger-GmbH Wolfsbrunnen diesen Ort für Konzerte und ein Sommer-Festival.

Großen Wert legt Gastronom Zeller auf die ausgewählten Weine von Weingütern aus Süd- und Nordbaden wie Hans Winter, Alexander Laible, Franz Keller und Seeger. Sie werden durch Angebote aus anderen deutschen Regionen und internationalen Tropfen ergänzt. Restaurantmeister und Sommelier Sebastian Kleber berät fachkundig über die jeweils zum Essen passende Wahl.

Restaurant Wolfsbrunnen
Wolfsbrunnensteige 15 | 69118 Heidelberg
Tel. +49 6221/373792
E-Mail: info@restaurant-wolfsbrunnen.de
www.restaurant-wolfsbrunnen.de

Natürlich, ökologisch, steinvermahlen!

Heidelberger Senfmühle

Seit Ende 2013 betreibt Matthias Keitemeier die Heidelberger Senfmühle und stellt erstklassige Senfprodukte auf einer großen Granitsteinmühle im Kaltmahlverfahren her. Verwendet werden nur ursprüngliche natürliche Zutaten von möglichst regionalen Erzeugern. So bezieht er die Senfkörner z. B. aus Schwäbisch Hall, den Honig von einer kleinen Bio-Imkerei aus Baden, viele Kräuter aus Hessen, den Apfelsaft aus Heppenheim, den Traubensaft vom Bio-Weingut aus Worms und den Apfelessig vom Bodensee. Alle verwendeten Zutaten für die Senf-Rezepturen kommen ausschließlich aus Betrieben mit kontrolliert biologischem Anbau. Diese ausgesuchten Erzeuger garantieren damit die unverwechselbare Qualität der Heidelberger Senfprodukte, die selbstverständlich auch bio-zertifiziert sind. Das Senf-Sortiment reicht vom klassischen mittelscharfen Küchensenf über scharfen Senf bis hin zu Chilisenf, Kräutersenf, Honigsenf, Currysenf und Traubensenf. Bald werden auch weitere fruchtige Senfe das Sortiment der Heidelberger Senfmühle ergänzen. Hierzu zählt u. a. ein leckerer Feigensenf, der perfekt zu gutem Käse passt.

Seit der Saison 2015 vertreibt die Heidelberger Senfmühle auch schmackhafte Feinkostsaucen unter der Marke „HEIDEL'S Gourmetsaucen" (eine rauchige BBQ-Sauce, eine Honig-Senf-Sauce, eine fruchtige Curry-Sauce und eine Sweet Thai Chili Sauce) sowie Dip-Gewürzmischungen unter

dem Markennamen „Heidelberger Kraut" (Café de Paris, Steak-Pfeffer-Dip, Mango-Bruschetta, u. a.) und entwickelt sich somit immer mehr zur regionalen Senf- und Saucenmanufaktur. Die Dips und Saucen werden am besten ganz klassisch zur Grill-, Raclette- und Fondue-Saison eingesetzt.

Seit August 2016 bereichert der samtige Frucht-Wein-Balsam die Produktpalette der Heidelberger Senf- und Saucenmanufaktur. Eine exzellente Kombination aus Frucht, Wein und Essig. Erhältlich in außergewöhnlichen Geschmacksrichtungen (Dattel-Dornfelder, Feige-Riesling, Kirsch-Spätburgunder, Aprikose-Weißburgunder) als ideale Zutat zum Dippen, Würzen, Verfeinern und Genießen. Ein wirklich toller Begleiter für herzhafte Vesper-, Antipasti-, Tapas-, Raclette-, Fondue- und Grillabende oder als Gourmet-Zutat für Käse, Salat, Gemüse, Brot & Baguette, Fisch & Fleisch.

Für die Zukunft hat die Heidelberger Senfmühle noch viele spannende Produkte geplant. Hervorragende Salatdressings, Mayonnaisen in verlockenden Geschmacksrichtungen, aber auch ein ganz klassischer Tomaten-Ketchup stehen hierbei ganz weit oben auf der Projektliste.

Und das Beste: Sämtliche Produkte der Heidelberger Senfmühle werden absolut ohne Geschmacksverstärker, Farbstoffe und Konservierungsstoffe hergestellt. Nur mit reinen natürlichen Zutaten in echter handgemachter Manufaktur-Qualität.

Die leckeren Produkte der Heidelberg Senf- und Saucenmanufaktur sind sowohl im Online-Shop sowie in vielen regionalen Bioläden als auch in vielen klassischen Supermärkten erhältlich.

HEIDELBERGER SENF

Heidelberger Senfmühle e. K.
Inh.: Matthias Keitemeier
Hardtstraße 1 | 69124 Heidelberg
Tel. +49 62 21/7 27 81 80
Fax +49 62 21/7 27 81 81
E-Mail: info@heidelbergersenf.de
www.heidelbergersenf.de

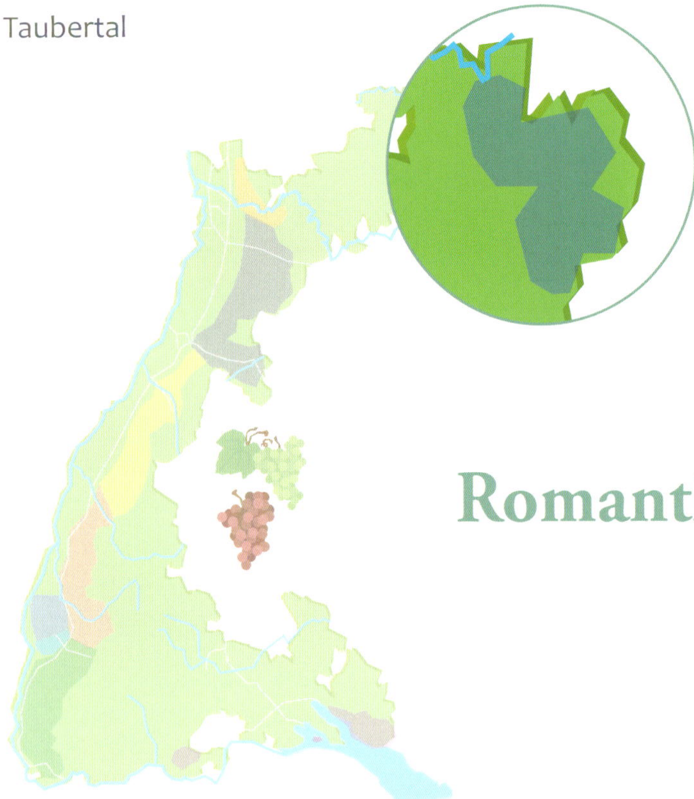

Romantisches und liebliches Taubertal

Zu Beginn des 19. Jahrhunderts, als Napoleon die Grenzen Europas neu ordnete, riss er das in Jahrhunderten gewachsene Gebiet der Franken auseinander. Das Land nördlich des Mains schlug er Bayern zu, das Taubertal wurde aufgeteilt zwischen dem Königreich Württemberg und dem Großherzogtum Baden. Seit Mitte des 20. Jahrhunderts erstreckt sich das Rebland über drei Weinbaugebiete in den zwei Bundesländern Baden-Württemberg und Bayern.

In diesem Buch geht es ausschließlich um das Weinbaugebiet Baden, Bereich Tauberfranken. Dazu gehören die Weinorte tauberabwärts ab Königshofen einschließlich des Schlüpfergrundes bis zur Mündung in den Main. Mit ca. 700 Hektar ist Tauberfranken der drittkleinste Weinbereich Badens.

Es ist zugleich das nördlichste und auch östlichste Gebiet des badischen Weins. Das Klima zeigt zum Teil kontinentale Züge mit strengen Wintern und sonnenreichen, aber nicht

sehr heißen Sommern. Die Weinberge liegen überwiegend in den Seitentälern der Tauber an den der Sonnenseite zugewandten steilen Hängen. Bedingt durch das verhältnismäßig kühle Klima wird vor allem in den Lagen von 150 bis 350 Metern angebaut. Weiter oben wäre es zu windig, weiter unten ist die Frostgefahr im Frühjahr und Winter zu hoch. Die charakteristischen Böden in Tauberfranken bestehen überwiegend aus Muschelkalk, bei Reicholzheim und Wertheim ist auch Buntsandstein zu finden. Vereinzelt sind die Böden mit Lössanteilen vermischt.

Rotweine führt der zur Pinot-Familie zählende Schwarzriesling an. Kenner schätzen vor allem den geringen Gerbstoffgehalt. Den Spätburgunder schätzen Liebhaber aufgrund seiner Mineralität des Muschelkalks. Es sind dichte und tiefgründige Weine mit einem einzigartigen Lagencharakter und dem unverwechselbaren Geschmack der mineralstoffreichen Muschelkalkböden. Die alte, rote Lokalsorte Tauberschwarz hat in den letzten Jahren eine wahre Renaissance erlebt und wird seit etwa 1980 wieder angebaut. Sie war fast vergessen und ist heute ein wahres Schätzchen in Tauberfranken und genießt bei Kennern eine hohe Wertschätzung.

Während sich die Muschelkalkweine durch einen markanten Körper und erdigen Geschmack auszeichnen, geben sich die auf Buntsandstein gereiften Gewächse elegant und spritzig. Das trockene und mäßig warme Klima verlangt früh reifende Rebsorten.

Bei den Weißweinen dominieren der fein duftende Müller-Thurgau, der hier besonders zart und finessenreich ist, sowie Grau- und Weißburgunder. Den Rebsortenspiegel der

Tauberfranken ist auch ein Bocksbeutel-Land. Im Jahre 1726 wird der Bocksbeutel vom Rat der Stadt Würzburg im Kampf gegen die weit verbreitete Panscherei für den Wein aus den Kellern des Bürgerspitals vorgeschrieben. Aufgrund der Ähnlichkeit der Flaschenform mit dem Hodensack eines Ziegenbocks soll sein Name angeblich entstanden sein. Per Dekret wird damals festgelegt, dass die Bocksbeutelflasche nur verwendet werden darf für das „Inverkehrbringen" von qualitativ hochwertigen Frankenweinen sowie Weinen aus dem Baden-Badener Rebland.

Tauberfranken wird auch Herrgotts- oder Madonnenländle genannt. Viele Künstler, Dichter und Volkskundler haben sich von der lieblichen Landschaft inspirieren lassen: Der Bildschnitzer Tilman Riemenschneider, der Maler Matthias Grünewald und der Baumeister Balthasar Neumann sind nur einige davon, die dieser romantischen Landschaft ihren Stempel aufdrückten.

Bis heute kann man an vielen Orten Kunstwerken aus dem Mittelalter begegnen. Prachtvolle Schlösser, barocke

Schade, dass man Wein nicht streicheln kann – *Kurt Tucholsky*

Gärten, Madonnen, Bildstöcke und kleinere Kunstschätze erlauben eine kleine Reise in die Vergangenheit in eine der liebenswertesten Landschaften Deutschlands.

Die sprichwörtliche Gastfreundschaft Tauberfrankens ist weit bekannt. Taubertäler Weine gepaart mit der herzhaften fränkischen Hausmannskost kann man in vielen gemütlichen Lokalen bei gastfreundlichen Wirtsleuten erleben. Viele kleine Winzer laden im Herbst zu gemütlichen Hoffesten ein.

Die Gastronomie der Region ist äußerst vielseitig. So kann man für jeden Geschmack und Anlass etwas Passendes finden: gemütliche Biergärten, gutbürgerliche Tauber-Fränkische Küche, aber auch eine gehobene Erlebnisgastronomie lassen sich im Taubertal genießen.

Herzblut im Taubertal

Weingut Geier

Zwischen dem Odenwald-Neckar-Kreis, Württemberg und Franken liegt das badische Königheim im lieblichen Taubertal. Mit knapp 90 Hektar Rebfläche ist Königheim die zweitgrößte Weinbaugemeinde in diesem Gebiet und blickt auf eine über 500-jährige Weingeschichte zurück. Hier bewirtschaftet die Familie Geier ihre Reben in den Lagen Königheim und Dittigheim. Ca. 11 Hektar umfasst der 1932 vom Großvater begründete Weinbau, den Andreas Geier und seine Frau Jutta seit 2011 auf behutsam-konsequente Weise in die Moderne führen. Nach der Ausbildung zum Winzer, Techniker für Weinbau und Kellerwirtschaft und praktischen Erfahrungen hat Andreas Geier seine von klein auf erworbenen Kenntnisse

in den Betrieb eingebracht. 13 Sorten von Müller-Thurgau über Silvaner, Weiß- und Grauburgunder, Riesling und Scheurebe bis zu Schwarzriesling und der exklusiven Regionalspezialität „Tauberschwarz" – die weltweit nur auf 16 Hektar im Taubertal angebaut wird und von Slow Food in der „Arche des Geschmacks geadelt" wurde – umfasst das Angebot. Der Anbau auf Muschelkalkböden in reinen Südhanglagen mit bis zu 40 Prozent Steigung ist intensiv qualitätsorientiert. „Wir legen unser ganzes Herzblut in unsere Profession und sind stets bestrebt, die Qualität unserer Weine weiterzuentwickeln", bestätigt Andreas Geier. Nationale und internationale Auszeichnungen werden regelmäßig an Geiers Weine verliehen.

Die Etiketten der Linien „Kumpan" (frische, fruchtige Weine), „Adlatus" (tauberfränkische Tradition) und „Eminenz" (ertragsreduzierte Premiumschiene) nehmen das Flugbild des großen Vogels aus dem Familiennamen auf und setzen es kreativ mit farblichen Sortenabstimmungen ins Bild. Auch im Fruchtsaftsektor ist die Familie Geier tätig: Aus den aromatischen Früchten der umliegenden Streuobstwiesen werden Apfelsaft und -wein gekeltert. In der gemütlichen Probierstube lässt sich alles individuell verkosten, im Saal finden bis zu 55 Personen Platz. Die Themen-Weinproben sind begehrte Events, die öffentlich ausgeschrieben werden oder für Gruppen ab 10 Personen exklusiv gebucht werden können. Ein besonderes Angebot für Einheimische und Gäste stellen die kurzweiligen Wander- und Fahrradtouren des ausgebildeten Wein-Gästeführers Siegfried Siehr dar. Bei allen Touren sind eine Weinprobe und ein Imbiss enthalten.

Weingut Geier
Andreas Geier
Hardheimer Straße 18 | 97953 Königstein
Tel. +49 93 41/26 94
E-Mail: weingut-geier@t-online.de
www.weingut-geier.de

Romantisches Taubertal

Fionn Große

Ich bin Fionn Große, der Bruder von sechs Geschwistern und immer neugierig. Als Reportagefotograf erzähle ich Geschichten. Um diese besonders gut zu fotografieren, gehe ich den Dingen auf den Grund.
Ein Foto besteht aus zwei Komponenten: der Botschaft und der ästhetischen Darstellung. Mir ist beides sehr wichtig. Wenn die Menschen sich in den Fotos wiedererkennen und das Foto gleichzeitig schön anzuschauen ist, dann ist das Ziel erreicht.

Auf Hochzeiten ist es mir beispielsweise sehr wichtig, die Eigenheiten der Familien zu erfassen und aufzunehmen. Wenn das Brautpaar die Fotos sieht, erfreut es sich besonders an diesen Eigenheiten. „Typisch! Mein Bruder mal wieder!" oder ähnliche Ausrufe höre ich sehr oft. Mein Wissen gebe ich regelmäßig in Fotokursen an Kinder und Jugendliche der Jugendkunstschule Freiburg im JBW e.V. weiter. Aber nicht nur die Jugendlichen lernen etwas dabei. Auch für mich ist es eine Herausforderung, die Fotografie dicht, präzise und einfach zu formulieren. Die Reise für dieses Buch durch das Weinland Baden von Tauberfranken im Norden bis an den Bodensee im Süden zu den unterschiedlichsten Winzern, Köchen und Hoteliers war für mich eine Entdeckungstour und sehr bereichernd.

www.Fionn-Gorilla.de
www.Hochzeitsfotograf-Grosse.de

Sigrid Hofmaier

lebt als freiberufliche Texterin, Redakteurin und Autorin in ihrer Wahlheimat Freiburg i. Br. Als „Detektivin des Alltags" überträgt sie die Profession und Passion von Menschen in dichte Texte mit Weitblick und Tiefgang.

Dorothee Philipp

Dorothee Philipp ist gebürtige Schwarzwälderin. Nach dem Abitur 1975 studierte sie an der Albert-Ludwig-Universität in Freiburg i. Br. Germanistik, Geschichte und Musikwissenschaft. Sie ist Autorin und Mitautorin zahlreicher Bücher über das Markgräflerland, Freiburg und den badischen Wein. Sie lebt seit 1977 in Müllheim im Markgräflerland und war über 20 Jahre erfolgreich als Redakteurin einer regionalen Tageszeitung im Markgräflerland tätig. Seit 2011 arbeitet sie als freie Journalistin und Autorin und hat sich dabei insbesondere auf kulturelle, touristische und regionale Themen rund ums Markgräflerland spezialisiert. Sie ist bekannt als wortstarke Kennerin des Markgräfler Weines.

E-Mail: dp.presse@gmx.de

Texte von Sigrid Hofmaier:

S. 12,13; S. 18–21; S. 24–27; S. 30–35; S. 38,39; S. 44–47; S. 58,59; S. 64–77; S. 80,81; S. 98–109; S. 135; S. 138–141; S. 146,147; S. 150,151; S. 154–159; S. 166,167; S. 170–177; S. 180–185; S. 190–195; S. 198–201; S. 204–207; S. 212,213; S. 220–223; S. 226–233; S. 236–239; S. 250,251; S. 258,259.

Texte von Dorothee Philipp:

S. 40–43; S. 48–51; S. 54,55; S. 124,125; S. 234,235.

Texte Chefredaktion Avantgarde Edition:

S. 14–17; S. 82–85; S. 92–97; S. 126–129; S. 142–145; S. 160–165; S. 196,197; S. 214–219; S. 240–247; S. 252–257.

Weitere Texte, die zur Veröffentlichung zur Verfügung gestellt wurden:

S. 60–62 Winzerkeller Auggener Schäf eG und Laufener Altenberg eG Auggen und Laufen; S. 112–117 Franz Keller Schwarzer Adler Vogtsburg-Oberbergen; S. 130–133 Voigt-Gempp und Die Wasserakademie e.V. Freiburg; S. 152,153 Weingut Huber Malterdingen; S. 168,169 Schwarzwald-Sprudel GmbH Bad Peterstal-Griesbach u. Ortenauer

Weinkeller GmbH Offenburg; S. 186,187 Emil Scheibel Schwarzwald-Brennerei GmbH Kappelrodeck; S. 208–211 Hotel Gasthof Sternen Gernsbach-Staufenberg.

Texte aus dem Buch „Best of Freiburg" (© Avantgarde Edition Verlag GmbH):

S. 86–91; S. 136,137.

Fotos von Fionn Große:

S. 12,13; S. 24,25, außer: S. 25 u. © Romantik Hotel Residenz am See; S. 26,27; S. 30–35 außer: S. 30 o.: © Landgasthof zum Adler und S. 35 u.: © mein inselglück; S. 44–51; S. 58–60; S. 61 oben rechts und unten; S. 61 links; S. 62 links; S. 68–77; S. 80,81; S. 86–89 außer: S. 86 beide u., S. 87 u. , S. 88 li. u., S. 89 o. und Mi. re. © Schloss Reinach; S. 98–109, außer: S. 99 Terrassenfoto © Bräutigams Weinstuben; S. 118–121 außer: S. 119 u.: © Oliver Wernet; S. 124,125; S. 134,135; S. 138,139; S. 146,147; S. 151; S. 166,167; S. 171–175; S. 180–185; S. 190–195; S. 198, 199 außer: S. 198 o. und S. 199 u.: © Schloss Neuweier; S. 200,201; S. 204–213; S. 218,219; S. 226–229, außer: S. 226 u: © Künstlerkneipe; S. 230 oben, S. 233 o. re. und u.; S. 234,235; S. 244–247, außer: S. 244 li. o. © Hotel zum Ritter St. Georg; S. 250,251 außer: S. 250 re.o. und S. 251 re. 2. Foto v. o.: © Wolfsbrunnen; S. 252,253 außer: S. 252 u. und S. 253 beide o.: © Heidelberger Senfmühle; S. 258,259.

Außer den bereits oben erwähnten Fotos wurden Fotos nachfolgend genannter Personen, Firmen und Institutionen (alle jeweils Copyright-inhaber) zur Veröffentlichung in diesem Werk freundlicherweise zur Verfügung gestellt:

S. 1 Grafik/Vektordatei © paullouis-Fotolia.com; S. 6,7,8,9, 12,13 diverse © siehe in den einzelnen Layouts; S. 14 © simonwhitehurst-Fotolia.com; S. 15 o. © Marc Kunze-Fotolia.com; S. 15 Mi. © pure-life-pictures-Fotolia.com; S. 15 u. © Jürgen Fälchle-Fotolia.com; S. 16 und 17 o. © pure-life-pictures_Fotolia.com; S. 17 Mi. li. © fd-styles-Fotolia.com; S. 16 Mi. re. © hachri-Fotolia.com; S. 16 u. © pure-life-pictures-Fotolia.com; S. 18–23, S. 6 li. © Weingut Aufricht, Meersburg-Stetten; S. 28,29 © Marc Kunze-Fotolia.com; S. 36,37 © Jürgen Fälchle-Fotolia.com; S. 40–43 alle Fotos: © Werbegemeinschaft Markgräflerland GmbH (www.markgraefler-land.com), außer: S. 41 oberstes Foto © JWS-Fotolia.com; S. 52,53 ©; S. 52,53 © Clemens Schüßler-Fotolia.com; S. 56,57, S.6 re. © Wieselpixx-Fotolia.com; S. 61 li. o. © Werbegemeinschaft Markgräflerland GmbH; S. 62 re. o. u. re. u. und S. 63 alle Fotos © Winzerkeller Auggener Schäf eG u. Laufen eG; S. 64–67 © Patrick Reimann Photodesign Berghaupten; S. 78,79 © dionysuss-Fotolia.com; S. 82 © kenz-fotodesign-Fotolia.com; S. 83 © foto50-Fotolia.com; S. 84 © Uwe Albert-Thiele-Fotolia.com; S. 85 o. © azureus70-Fotolia.com; S. 85 u. © baphotte-Fotolia.com; S. 90,91 © Weingut Landmann Freiburg-Waltershofen; S. 92 li. u. © eliasbilly-Fotolia.com; S. 92 re. u. © John Anderson-Fotolia.com; S. 93 o. © Funny Studio-Fotolia.com; S. 93 u. © emer-Fotolia.com; S. 94,95 o. © Gottfried Reidler-Fotolia.com; S. 94 u. © eliasbilly-Fotolia.com; S. 96 o. © simonwhitehurst-Fotolia.com; S. 96 li. u. © margostock-Fotolia.com; S. 96 re. u. © ArtHdesign-Fotolia.com; S. 97 © hufnasi-Fotolia.com; S. 106 u. © Winzergenossenschaft Bötzingen am Kaiserstuhl eG; S. 110,111, S. 7 li. © Funny Studio-Fotolia.com; S. 112–117 © Franz Keller Schwarzer Adler Vogtsburg-Oberbergen; S. 122,123 © Burkheimer Winzer eG Vogtsburg-Burkheim; S. 126 © ISO-68-Fotolia.com; S. 127 o. © simonwhitehurst-Fotolia.com; S. 127 u. © Svenja98-Fotolia.com; S. 128 © reinhard sester-Fotolia.com; S. 129 o. © christiane65-Fotolia.com; S. 129 u. © Svenja98-Fotolia.com; S. 130–133 © Voigt Gempp u. Die Wasserakademie e.V. Freiburg (Fotos: Patrick Reimann außer: Eingangsfoto S. 130 o. re.); S. 136,137 © Weinstube Oberkirch Freiburg; S. 140,141 © Strudel's Scheunenlädele Zarten; S. 142–145 © Metzgerei Reichenbach Glottertal, außer S. 144 u.: © Marc Doradzillo Freiburg; S. 148,149, S. 7 re. © Christiane65-Fotolia.com; S. 150 © J. Keller Malterdingen; S. 152,153 © Weingut Huber Malterdingen; S. 154–159 © Wellnesshotel Ludinmühle Freiamt; S. 160, S. 161 o., S. 162 u. und S. 164 2. Foto re. u.: © reinhard sester-Fotolia.com; S. 161 u. © Hetizia-Fotolia.com; S. 162 o. © fotofix33-Fotolia.com; S. 163 o. © Christian Jung-Fotolia.com; S. 163 u. © lola1960-Fotolia; S. 164 o. © Jürgen Wackenhut-Fotolia.com; S. 164 li. u. © Visions-AD-Fotolia.com; S. 164 re. u. und S. 165 © travelpeter-Fotolia.com; S. 168,169 © Schwarzwald-Sprudel GmbH Bad Peterstal-Griesbach u. Ortenauer Weinkeller GmbH Offenburg; S. 170 o. und u.: © marcelheinzmann-Fotolia.com; S. 170 Mi. © Manual Schönfeld-Fotoli.com; S. 172 Flaschenfoto: © Weinmanufaktur Gengenbach-Offenburg eG; S. 176,177 © Winzergenossenschaft Durbach eG; S. 178,179, S. 8 li. © reinhard sester-Fotolia; S. 186,187 © Emil Scheibel Schwarzwald-Brennerei GmbH Kappelrodeck; S. 188,189 © karlo54-Fotolia-com; S. 196 © Heike Rau-Fotolia.com, S. 197 © Gasthaus zum Rössel Lichtenau-Scherzheim; S. 202,203 © karlo54-Fotolia.com; S. 214 © VRD-Fotolia.com, S. 215 © focus finder-Fotolia.com; S. 216 beide Fotos o. © focus finder-Fotolia.com; S. 216 u. © pure-life-pictures-Fotolia.com; S. 217 © Simon Kraus-Fotolia.com; S. 220–225, S. 8 re. © Schwarzwald Panorama Bad Herrenalb; S. 230 u. und 231 © Hotel Eden; S. 232 und S. 233 o. li. © Mediterrane; S. 240 © bild-gigant-Fotolia.com; S. 241 © andreaskoch02-Fotolia.com; S. 242 © eyetronic-Fotolia.com; S. 243 o. © Saimanfoto-Fotolia.com; S. 243 u. © sborisov-Fotolia.com; S. 248,249, S. 9 © eyetronic-Fotolia.com; S. 254–257 © TLT/Peter Frischmuth mit freundlicher Genehmigung vom Tourismusverband „Liebliches Taubertal e.V."; S. 260,261 © Werner Hilpert-Fotolia.com.

Cover des Buches: Foto auf dem Cover © magicbeam-Fotolia.com; Grafik/Vektordatei: Flasche mit Rebe © sumkinn-Fotolia.com.

Impressum

ISBN 978-3-942096-12-6

Gestaltung und Druckvorstufe:
NetsDirekt GmbH, 70499 Stuttgart
www.netsdirekt.de

Kartenzeichnung:
Katja Heller, 79312 Emmendingen
www.katjaheller.de

Druck und Verarbeitung:
Druckerei Himmer GmbH, 86167 Augsburg
www.himmer.de

Gesamtherstellung:
Avantgarde Edition Verlag GmbH,
69257 Wiesenbach/Heidelberg und 76530-Baden-Baden
www.avantgarde-edition.net

Inhaltliche Recherche:
Gertrud Löbell, 79241 Ihringen/Kaiserstuhl
Gertrud.loebell@gmail.com

Verlegerin und Herausgeberin:
Katharina Többen, Wiesenbach/Heidelberg und Baden-Baden
www.avantgarde-edition.net

Printed in Germany